Bélgica

Emilia Pardo Bazán

Bélgica

casimiro

casimiro [*casimiroa edulis*]

Crónicas de viaje escritas en 1901 y publicadas ese mismo año en *El Imparcial* y posteriormente recogidas en 1902 en el volumen *Por la Europa católica*.

En cubierta: Éugène Boudin, *Muelle de Amberes,* 1874
Dallas Museum of Art

© Casimiro libros, Madrid, 2026
Todos los derechos reservados
www.casimirolibros.es

ISBN: 979-13-87675-07-3

# ÍNDICE

EMILIA PARDO BAZÁN

(La Coruña, 1851 - Madrid, 1921)

retratada por Gustav Wertheimer en 1887

## ADVERTENCIA AL QUE LEYERE

Las impresiones de viaje que figuran a la cabeza de este volumen, no son ni la tercera parte de lo que pensaba y quería escribir acerca de Bélgica –sin hablar de Holanda, que visité después. Aun reducidos a tan mínimas proporciones, mis apuntes de viaje carecen de unidad, y, como ciertas novelas y ciertos dramas, tienen dos argumentos.

El primer argumento es social. Yo me dirigí a Bélgica movida por el deseo de ver cómo funcionaba una nación donde los católicos ocupan el poder desde hace diecisiete años, y donde, sin embargo, no se ha acentuado indiscretamente el espíritu conservador; una nación que figura entre las más adelantadas, y que es católica, al menos en gran parte, con un catolicismo activo, coherente, vivaz, sin letras muertas.

El segundo argumento es artístico. A pesar mío y por natural disposición de mi espíritu, ya emprendido el viaje, el arte me atrajo, y robó espacio a mi somera indagatoria social. A dejarme llevar de mi afición, capítulos y capítulos escribiría sobre la pintura en Bélgica y Holanda. No lo han consentido circunstancias ajenas a mi voluntad, unidas a apremios de tiempo por otros trabajos emprendidos, y he guardado para mi sola bastantes recuerdos de un viaje que acaso repetiré y que entonces, si el gusto público me autoriza, tendré ocasión de relatar, con mayor conocimiento de causa.

Contados como fueron mis artículos sobre Bélgica, creo que no cayeron en el vacío: la gente leyó los referentes a la cuestión social, hasta con avidez, me atrevería a decir, por ser asunto de actualidad y oportunidad evidente, que apenas se había tocado en la prensa, y que principiaba a fermentar en los espíritus. Cartas recibí que me demostraron el interés despertado por mis notas de viaje; en algunas se me comunicaban noticias respecto a instituciones y organismos existentes en España, y que, animados por tendencia análoga a la que inspira las obras sociales en Bélgica, podían, al adquirir desarrollo de que por desgracia todavía carecen, despertar aquí un movimiento de la opinión acaso más eficaz y de cierto más humano que los fusiles y las cárceles para mantener en pie la sociedad y la patria. He celebrado conocer estas obras españolas, entre las cuales descuella la emprendida en Zamora por D. Luis Chaves; pero las he considerado y sigo considerando como islas, y necesitamos un continente; un impulso general, algo que nos vivifique y nos levante del suelo, del árida tierra en que yacemos paralizados.

Necesito explicar bien mi pensamiento, que en este caso no debe envolverse en la penumbra favorable al arte. La obra social que en España podría cumplirse si fuese más viva la fe religiosa, e impulsase por consiguiente a la acción, tiene dos aspectos, el extrínseco y el intrínseco. Extrínsecamente, la obra social podría ser un legítimo y honrado medio de defensa para la sociedad tal cual hoy se encuentra instituida en lo fundamental –el estado económico, el capitalismo, la propiedad privada, la constitución de la familia que se deriva de ella, con el derecho hereditario. Importante es este asunto, y sin embargo, no es el que principalmente me importa. Me llega más al alma todavía lo intrínseco de la obra social, sus elementos civilizadores y moralizadores, la dignidad y la belleza que traería a todas las relaciones de la vida española, el empleo alto y provechoso que daría a tantas fuerzas como aquí se esterilizan o malgastan.

La obra social, influya o no en el giro y evolución de los acontecimientos políticos (y que ha de influir es seguro), redunda en beneficio de la humanidad, y por lo tanto es buena en sí. En ningún caso conviene prescindir de ella; en ninguna situación cabe que no se adviertan, directa o indirectamente, sus saludables efectos.

En Bélgica –lo reconocen los más activos trabajadores de la viña– se ha emprendido el trabajo algo tarde. ¡Qué diremos nosotros! Por las trazas no hemos de emprenderlo nunca, al menos en la escala que convendría para lograr el doble fin de mejoramiento y resistencia a que va encaminado. Así lo temo... Sin embargo, siempre diré a los que madruguen y se echen la azada al hombro, que tengan ánimo y no se desalienten si hallan la tierra pedregosa y dura,

*Emilia Pardo Bazán.*

# Desde el tren

A la Señora de Oñate.

Al emprender este viaje, mi primer pensamiento es que calumniamos a nuestro siglo. Alabar tiempos pasados es más fácil que resignarse a volver a ellos. Si nos restituyesen ahora a los dominios del carromato, de la diligencia, del mulo y de la silla de manos, oiríamos las protestas y los desesperados gritos de una generación habituada ya a la *rauda locomotora*.

Que el servicio de ferrocarriles en España deja mucho que desear y podría mejorarse, por sabido se callaría, si el repetirlo no fuese quizás conducente a la enmienda. La rapidez, convengo, es ilusoria; por trazados mal entendidos, por concesiones a influencias no siempre respetables, las líneas hacen eses que prolongan el trayecto en perjuicio del viajero, y como la red es mezquina, escasa de venas, viajar por España supone triple o cuádruple gasto de tiempo que en el extranjero, para ver la misma extensión de país. De Madrid a Marineda, v. gr., en silla de posta se iba en tres días y dos noches, relativamente más pronto que ahora por el tren en veintiocho horas; y es que en vez de acortar hacia Zamora, da el camino innecesarias vueltas por Palencia y León, atravesando los campos más áridos y feos de la Península. Podría tal viaje realizarse en quince horitas, adelanto de incalculables ventajas para los veraneantes y los que del veraneo viven.

En nada se refleja tan claramente la estrechez de nuestra vida moderna española, como en el corto número de trenes y su enlace dificultoso. Al acercarse a regiones donde hay vida industrial y fabril –Cataluña, Vizcaya–, las pulsaciones de la circulación se acentúan, los trenes salen con frecuencia. Pero donde la industria no ha exhalado su soplo bienhechor, los trenes van a paso de tortuga y salen con desesperantes intervalos.

Y así y todo, el recuerdo de ayer y la comparación consuelan. No sé cómo se podía viajar por gusto antaño, si bien consta que no faltaba quien lo hiciese y arrostrase las molestias sin cuento y los peligros, entonces reales y efectivos, de tal empresa. Y es que, desde los tiempos consabidos que se pierden, etc., esto de viajar ha tenido sabor de miel, misterioso encanto. Hoy viaja el individuo; entonces se trasladaban las tribus y los pueblos, siguiendo el curso del sol o la honda corriente de algún río. Ahora que las grandes colectividades humanas parecen haber echado raíces, y que positiva-

mente las masas están incomunicadas y sólo se amalga-
man por el violento choque de la guerra, el individuo se
desquita.

En España la afición a viajar sin objeto determinado,
por el viaje sólo, no se ha difundido todavía. Causa cierto asombro que yo la profese. Quizás no se explican
que, por ver un edificio viejo, menos aún, el lugar
donde ocurrió un hecho memorable, donde surgió un
recuerdo o se escribió una página de historia, ande
nadie rodando por trenes y fondas y estaciones, gastan-
do tiempo y dinero, y privado de esas "comodidades de
su casa" sin las cuales mucha gente no comprende la
vida.

¿Qué se saca de un viaje? Es difícil al pronto reducir a
cifras tal género de utilidad. Pero, según decía un res-
petable canónigo toledano, *la pintura vence al verso*; no
hay como lo que entra por los ojos. Todas las descrip-
ciones de Toledo no equivalen a un paseíto por las
callejas y rinconadas de la imperial ciudad en compañía
de una persona familiarizada con sus secretos. Eruditos
libros de arqueología no suplen a la contemplación del
viajero embelesado. En esto de los viajes hay mucho que
no es reductible al conocimiento, que no es *aprender*,
que va más allá y corresponde a las esferas delicadísi-
mas del sentimiento. Así un viaje –por ejemplo, el de

Goethe a Italia, el de Gogol a España– determinan a veces nuevas orientaciones para el artista.

También acerca del estado social de una nación se *aprende* mucho viajando por ella. No diré que un extranjero, al pasar de prisa por España, tenga probabilidades de acertar en sus precipitados juicios; en cambio, el español, conociendo ya el terreno que pisa, ve en un momento la señal característica de un período, el sentido que ¡leva la vida patria. En este particular, los viajes por mi patria no pueden infundirme ideas tranquilizadoras.

En ellos se observa que si muchos pueblos han erigido teatros, en casi ninguno ha dejado de alzarse flamante, insolente de vida, con su arquería mudéjar, la plaza de toros. No sé por qué achacan a Fernando VII –grosero chulapón injerto en ladino gobernante, que tan a fondo nos conocía– la difusión de la tauromaquia en España. Es ahora, es hoy, el momento en que se vive para los toros. Y no es lo peor que haya toros, sino que ellos absorban nuestro jugo y constituyan, a estas alturas, nuestra única y exclusiva preocupación..., ¡cuando debiéramos preocuparnos de tantas y tantas cosas! Y el arte mismo, ¿puede existir entre tal atmósfera de palmas, tabacos y manzanilla? ¿Puede sostener siquiera la competencia? Acuso a los toros de que agotan toda la sensibilidad nerviosa de que disponen los españoles, y devorando y abrasando su sangre, como la devora y abrasa un vicio, un hábito desordenado, les deja fríos e inertes para todo lo demás; no sólo para lo conveniente, sino también y en primer término para lo bello, para los goces de la imaginación y de los sentidos mismos, en lo que pueden tener de escogido y de intenso. Pueblo que se entrega a los toros completamente, no volverá a enriquecer las artes como las enriquecimos nosotros en los siglos que pasaron.

En el último viaje, tan distinto del que hoy emprendo, lo primero que con orgullo me enseñaron en todas partes "los indígenas", fue la plaza recién salida del cascarón. Después vi también muchos conventos de nueva planta, mientras los antiguos se desmoronan o están convertidos en almacenes y cuarteles. Se gasta en elevar edificios de mal gusto, templos que parecen de alcorza, y las maravillosas iglesias de antaño, caldeadas por la fe, se agrietan o se hunden. El gentío, indudablemente, donde se agolpa es en las plazas de toros: los templos, así antiguos como recientes, están solitarios. En el mismo venerando Pilar, no era grande la concurrencia de fieles.

Visitando unas Escuelas comienza mi viaje esta vez. Invitáronme los Sres. de Oñate, hijos del fundador, el rico fabricante de chocolate D. Matías López, a ver las Escuelas del lindo pueblecito de Sarria. Sucedíame con este pueblo lo que tan a menudo ocurre: cruzándolo todos los años varias veces, jamás se me ocurría detenerme allí. Y cuando le llamo lindo pueblecito, no es por adjetivar: es que el paisaje de Sarria –un paisaje de *transición*, donde se transforma insensiblemente la blandura mimosa de la campiña gallega en la severidad no adusta aún de los primeros campos de Castilla– merece el calificativo. El fondo de montañuelas realza el cuadro de la llanura con depresiones suaves, salpicada de blancas casitas, de chalets, de Pazos solariegos, de arbolado y de jardines. El pueblo forma una colina, trepando las nuevas calles a enlazarse con las antiguas, que ascienden hasta rendirse a los pies del castillo señorial, el cual todavía mantiene erguido su torreón. No lejos del castillo, reposa soñando el convento y su iglesia monumental, que estaban desmoronándose y con gran oportunidad se encargaron de mantener en pie, echando techos y pisos, los Padres Mercedarios. Estos religiosos, envueltos en su blanco sayal, son un toque poético muy en armonía con el edificio y el pueblo, con el ambiente de sosiego y calma que en él se respira. Lástima que usen esos feos sombreros curvos, negros, de teja, adoptados hoy por todas las órdenes monásticas, sin exceptuar la franciscana, y que echan a perder el efecto de los hábitos más nobles. Dentro del claustro, donde no hay que llevar sombrero, el Mercedario, con su vestimenta de lana nívea, reclinado en un pilar o nimbada la cabeza por un arco que sostienen capiteles de imaginería, da la acuarela ya hecha al pintor. He notado que los Mercedarios de Sarria son muy jóvenes todos; algunos parecen adolescentes, y con su cara imberbe y la modestia mística de su actitud, se están desprendiendo de alguna tabla medioeval.

Volviendo a las Escuelas, diré que el señor López no pudo hallar mejor empleo para parte de su hacienda, laboriosa y honradamente adquirida. Es toda esta familia en extremo caritativa y aficionada a hacer el bien, y no hay iglesia ni hay necesitado en Sarria (y supongo que lo mismo sucederá en el Escorial, donde funciona la gran Fábrica de chocolate) que no conozca los efectos de su bondad previsora. Probado por repentinas desgracias y cruelísimas pérdidas de seres queridos, Matías López, que era un *self made man*, hijo de sus obras, ascendido mediante su trabajo de posición humilde a la opulencia, sintió que debía, por decirlo así, pagar réditos a Dios, y dejó instituidas las Escuelas de Sarria; su viuda completará la obra fundando el hospital. Las Escuelas han costado más de medio millón de reales: el edificio es desahogado, ventiladísimo, entrando en él aire y luz a chorros; la instalación escolar, desde la peculiar hechura de los pupitres hasta los dos inmensos patios de recreación, descubre que la dirigió mano experta y entendida; el material, tan abundante que en largos años no se agotará el que hay de repuesto, es de última, con sus ricos muestrarios de objetos para las "lecciones de cosas" y sus cartones completísimos para enseñanza de Historia y Geografía; y las dependencias, cómodas, amplias, decorosas, encierran las viviendas del profesor y de la profesora, que encuentran allí modesto bienestar y seguro asilo.

Después de visitar las Escuelas nuevas, el paseo por Sarria nos llevó casualmente a tropezar con la Escuela antigua. Ni el más empedernido apasionado de la tradición resiste a una *lección de cosas* semejante. Ver por los ojos, que diría el señor canónigo de Toledo. La Escuela antigua, donde aprendió a deletrear Matías López, debió de grabar en su imaginación de niño el horror a semejante antro. Sostenido por postes de piedra, lóbrego, húmedo, infecto, se levanta aquel local miserable, en comparación del cual es alegre la cárcel contigua. Allí debieron de resonar firmes los palmetazos, arrancar sangre de las carnes infantiles las rudas disciplinas, y ostentarse el gorro de borricales orejas, castigo de los tumbones y desaplicados. Y quizás ni aun eso, porque tales severidades revelan algún celo en el dómine. Lo más probable es que se pareciese esta escuela a aquella que describe Galdós en *El doctor Centeno*: alianza del tedio con la rebeldía; reunión de chiquillos aburridos de muerte o engrescados a trueque de combatir un fastidio invencible, el de la reclusión en calabozo mefítico y asfixiante. Y yo pensaba en la Escuela actual, con ínfulas de palacio, con salubridad y alegría y vistas y luz... y hasta diversión para los pequeñuelos.

# Hacia la frontera

¡Europeicémonos! A pesar de los cambios que ya están mucho más arriba de las nubes, al nivel de las estrellas; a pesar del miedo que nos meten hablando de calores senegalianos, de gente que se cae muerta de insolación fulminante en las calles de París, hemos tenido el arranque de dejar nuestras frescas rías gallegas y asomarnos a ver qué pasa en el mundo, aunque sea por un agujero. Manda la Iglesia confesarse una vez al año, y antes si hay peligro de muerte. Manda la cultura viajar sin aparente necesidad una vez al año, y más si hay estancamiento y tendencia regresiva –manía de andar hacia atrás, que no falta entre nosotros.

Dicen que ahora ha caído en la cuenta el Conde de Romanones y piensa enviar por ahí, no misioneros, sino neófitos de la cultura, que apostolicen a la vuelta y nos traigan en sus baúles, *gladstones* y sombrereras, la civilización, artículo que en la frontera no paga derechos. Parece que en el Japón se hizo así, y aunque somos blancos, nos han puesto tan verdes que de los amarillos tenemos que recibir lecciones. Aquellos ex monigotes de porcelana, aquellos ex miquines de marfil con ropa de seda, son hoy gente de pro, una potencia que tiene Marina y Ejército y Universidades y Colegios, no pintados en ningún abanico o "kakemonos", sino de verdad. ¡Si se atenderá en el Japón a la enseñanza, que la Emperatriz se toma la molestia de ir cada día a pie, con sus piececitos como piñones, a visitar la Universidad en que se forman las licenciadas y doctoras, plantel de la mujer moderna, libre de la ignominia asiática!

Lo que yo le digo al bien intencionado Conde es que la civilización no es malo traerla en la maleta, pero sobre todo su lugar está en el espíritu. Si no fuese así, ¡pobres de los pobres!... o sea de los que no pueden viajar, en estos tiempos de 40 por 100... y lo que venga. Desde su casa, corno el ingenioso autor del "Voyage autour de ma chambre", pensando, leyendo, cabe obtener la ansiada europeización, que debe de ser (Costa tiene la palabra) así como un triple extracto de lo más fino, bello y fuerte del alma europea. Porque a Europa no vamos a recogerlo todo, oficio de traperos; y aun los traperos, realizada su burda cosecha, escarban en ella y apartan lo que les importa conservar. Hay que importar la esencia, la esencia exquisita, que embalsame nuestras bravías cordilleras y nuestras mesetas áridas.

Cuando el Conde de Romanones organice esa cohorte de peregrinos españoles de la cultura, estoy por creer que me corresponde en ella un puesto, y eminente, ganado por antigüedad rigurosa. ¡Apenas hace tiempo que me europeizo, y que comunico al público lo que veo en la madre Europa! Voy pensando en esto mientras el tren, dejándose, atrás la montuosa. Galicia, rueda por las llanuras castellanas, vestidas con la opulenta alfombra rubia de la mies acabadita de segar, y rayadas de vez en cuando por las hileras de altos chopos, erguidos y frondosos bajo la llamarada del sol de Julio.

Sintiéndome tan acérrima española, cada vez propendo más a buscar fuera de España remedios y lecciones. ¿Se acuerda alguien de uno de los primeros y muy discutidos dramas de Echegaray, en que el enamorado de una beldad ciega va a conseguir en remotos países el medicamento o filtro que devuelva luz a las amadas pupilas? España es tan hermosa como la Princesa de la más romántica novela de caballería; pero sus ojos están cubiertos de membrana obscura; la lumbre de este sol radioso no penetra en ellos sino al través de brumas y sombras seculares. Viajemos. ¿Quién sabe si daremos con el filtro mágico?

En las actuales circunstancias, nada mejor que ponernos en contacto con Europa. A fuer de país de corto resuello, de energías agotadas pronto, España sólo atiende a localismos: se ha colocado en la postura de los Budas, y se mira a sí misma, con estrabismo convergente. La última cogida del torero, el reciente borborigmo de la casera olla política, roban la atención. Si hay un cielo donde se premien las buenas obras patrióticas, en él se encontrará *El Imparcial* mis campañas y las de otros escritores, que mandan a sus columnas soplos de aire exterior –el aire vivaz de alta mar, tónico y excitante.

¿A qué punto de Europa nos convendría dirigirnos? ¿Dónde encontraremos este año ejemplos saludables? Tomadle el pulso a España (ahora parece que lo ha recobrado, que pulso, hay, aunque desatentado y febril), y poco tardaréis en hallar la respuesta. Lo que hierve es la bien o mal llamada *cuestión religiosa*, que tanto nos dio que hacer durante el para nosotros infausto siglo XIX, y que sigue coleando.

Esa cuestión no es sólo nuestra, como la del separatismo, verbigracia; no somos el único país católico; tal problema lo encontramos en todas las naciones latinas. Hay quien no ve en él sino un efecto de imitación. Hay quien identifica las Ordenes religiosas, mejor dicho, su situación actual en España, con el catolicismo, hasta el extremo de creer que éste acabaría si aquélla variase. Ha llegado, pues, un momento en que interesa conocer por vista de ojos lo que en este terreno sucede en Francia, y sobre todo en Bélgica: una república donde domina el laicismo, una monarquía donde domina el catolicismo desde hace diez y siete años –y ambas, la república y la monarquía–, como ya quisiéramos estar nosotros de adelantadas y prósperas; lo cual, a esta distancia, parece significar que de todos modos se puede ser europeo, y que los males de España no deben achacarse al catolicismo, sino a la manera que tuvimos siempre de entender y practicar esta religión de paz y dulzura.

Pero no adelantemos los sucesos, que decían los novelistas de antaño; no llevemos opinión hecha y preconcebida, que es como llevar anteojeras de mulo; no demos el cobre de nuestro criterio en vez del oro de la realidad. A estudiar se ha dicho, y a referir lo que se aprenda.

Retrepémonos en el ángulo del departamento, abramos la "Guía oficial", texto vivo de los viajeros, y vaya un favor con dos disfavores a la Compañía ferroviaria. Señor Ministro de Obras públicas, todo lo que facilite el viajar es principio de la europeización. Al que viaja, puente de plata, diré corrigiendo una popular sentencia. Y no me parece puente de plata, ni aun Meneses, que los procedentes del Noroeste nos pasemos quince horas en la estación de Venta de Baños esperando a enlazar con un tren que nos lleve a la frontera. Venta de Baños, aunque tiene curiosas antigüedades y muy aceptable fonda en la estación, Venta de Baños no es la Europa que perseguimos... y quince horas son casi un día. Los extranjeros incluyen estas soluciones de continuidad de los itinerarios de los trenes entre los fenómenos atávicos de España, país donde a nadie le importa perder el tiempo a puñados.

Y va uno de los disfavores. Ahora, el favor. Este año ha resuelto la Compañía europeizar las páginas de la "Guía oficial", diciéndonos en ellas que podemos formarnos a voluntad nuestro itinerario, trazarlo en el mapa de la red de ferrocarriles y comprar el billete circular con rebaja a razón de los kilómetros que nuestro trazado comprenda. Aplausos, felicitaciones. Sólo que... ¡ya me extrañaba a mí...! Disfavor segundo.

Sólo que, para lograr esta ventaja, hay que pedirla con ocho días laborables de anticipación, *lo menos* (sic), bajo nuestra firma, depositando una fianza de diez pesetas; y si en el plazo de otros ocho días, *lo más*, festivos y laborables, no recogemos el solicitado billete, perdemos el derecho a la devolución del depósito y tenemos que constituir nueva fianza.

Vamos, era milagro... Con tales tranquillas, ligaduras, compromisos y resabios del expedienteo español, la ventaja es ilusoria. Y si la Compañía trataba de implantar una cosa útil, ¿por qué no lo hizo? ¿A qué fianzas, documentos, multas y retrasos? Si trató de imitar a Suiza, ¿por qué no la imitó efectivamente? Allí se compra en la taquilla billete para un trayecto de dos, tres, cuatro mil kilómetros. Lo gastáis como se os antoja, en la dirección que os viene en gana, con largo plazo y libertad de asunto. Ese sí que es itinerario "a voluntad del viajero".

Ya está aquí el sudexpreso, a las altas horas, rápido como un ave, silencioso porque todos duermen dentro de los departamentos cerrados. Me deslizo en un *sleeping* y despertaré en la raya.

# EL PAÍS DE LA PINTURA

A Aureliano Beruete.

Este viaje belga, que emprendo por el rápido de las ocho de la mañana, a fin de no perder la vista del paisaje, desconocido para mí, es realmente, por lo que hace a las distancias, un viaje de muñecas; todo está tan cerquita que, según noticias, el trayecto más largo, el de París a Bruselas, dura unas cinco horas, y los restantes comprendidos en el billete circular –a Lovaina, a Malinas, a Amberes, a Gante, a Brujas, al mismo puerto de Ostende– son expediciones recreativas, meros paseos en tren o en tranvía eléctrico. Pero en el reducido espacio de los veintinueve mil kilómetros de superficie y las nueve provincias que forman la pequeña nacionalidad belga, y en la parte de Francia que con ellos confina, ¡qué mundo de recuerdos para nosotros, qué ecos marciales de choque de corazas y tronido de arcabuces, despertándose al resonar los mágicos y profundos nombres de San Quintín, Breda, Amberes, Maestricht y Gante! Como dice el *Aguilucho* en la escena más épica del poema de Rostand, si los hombres se han olvidado, la tierra se acuerda, y bajo este terruño bien cultivado, de aspecto pacífico, se me figura que aún rebullen, ceñudos y coléricos, los enjutos veteranos del tercio viejo de Flandes, que dejaron sus duros huesos en tierra de herejes, y no se avienen a dormir así, bajo la superficie calada por la bruma, lejos del suelo castellano o aragonés, que el sol penetra y calienta con sus besos de oro.

Y más aún que la historia, ensancha los términos del país flamenco y lo magnifica elevándolo a la región de lo eterno y lo infinito, el Arte, con mayúscula; el Arte, cima y corona de la vida sensible; el Arte, ante el cual todo es sombra y vanidad y miseria –las luchas, los adelantos, la misma evolución de la humanidad hacia el progreso general, evolución que el Arte desdeña– ¡como que no va con él!, pues es condición del artista llegar de una vez, por modo divino, por instantánea efusión del alma en la belleza, a los ápices de lo sublime accesible, cualquiera que sea el estado social que le rodee. Para el Arte, bien mirado, es indiferente el estado de la sociedad –aunque el Arte lo traduzca con intensa emoción y expresiva fidelidad. No sabré decir cuánto me puso pensativa este problema del Arte, al mirar detenidamente, hará dos o tres días, en el Museo del Louvre, la reconstrucción y los trozos auténticos de un extraño monumento antiguo que, gracias a la diligencia y a la paciencia de Mr. Dieulafoy y de su esposa, misioneros científicos, fue desenterrado y limpio de la arena que lo cubría, en los desiertos, un tiempo jardines, de la Bactriana, en Susa. Los aficionados ya adivinarán que me refiero al curioso y bellísimo palacio de Artajerjes Memnon. Ni el arquitecto que ideó el palacio, ni el adornista que diseñó su decorado, ni los ceramistas que lo ejecutaron, tienen nada que aprender, en su línea, de ningún artista del Renacimiento ni de la Edad Moderna. Creencias, mitos, instituciones, concepciones sociológicas, aspiraciones inmensas y tumultuosas de las razas y los pueblos, allá y atrás quedan; no guardamos memoria de las dinastías ni de los poderes que erigían estos palacios colosales; hasta la Naturaleza varió: era un oasis y es un erial; si resucitase Artajerjes Memnon, lo enseñaríamos por dinero como a Rama-Sama... pero al arquitecto, al decorador, a los que dibujaron y dieron color y cocieron en esmalte vítreo esos maravillosos arqueros, esos leones del friso del palacio, ¿qué haríamos en buena ley, sino saludarles respetuosamente? Cuanto hayamos podido adelantar no les importa: se ríen de ello, mostrando los blancos dientes realzados por la barba negrísima, rizada en simétricos y encaracolados bucles.

Y así como no se ha dado un paso "adelante", aunque sí muchos "en otro sentido", en ciertos aspectos del Arte, desde Artajerjes Memnon, tampoco la pintura (á pesar de todos los esfuerzos de los artistas modernos devorados por la fiebre de la indagación y transcripción fiel y el ansia noble y legítima de emitir su nota personal) irá más lejos que fue en los Países Bajos desde el siglo XV, y casi podemos decir que desde el XIV.

Ya en el XIV, el minnesinger o trovador Volfrango de Eschenbach, en su "Parsifal", ensalza a los pintores flamencos. A un pintor de esta tierra, uno de los Van Eyck, se atribuye la invención de la pintura al óleo. Y a partir de las tablas de los primitivos, ¡qué hueste de maestros, qué hormigueo de obras! El patético Van der Weyden (ahí está una de sus elegías más tiernas, dos veces reproducida en el Museo del Prado, una en el Escorial), el soñador Memling, el fuerte Matsys, el insinuante y sugestivo Patinir (¡qué "Tentación de San Antonio" existe ahí también!), la dinastía de los Brueghel, y después, con el Renacimiento, Rubens, cuyo nombre lo dice todo; Van Dyck, Cornelio de Vos, Gaspar de Crayer, Snyders el animalista, Jordaens, David Teniers, Rembrandt! ¡Rembrandt y su "Lección de anatomía", que me llevará, como tirando de mí por un hilo invisible, hasta el Museo del Haya! Y no se queden en el tintero Alberto Cuyp, Pablo Potter (único en su género), Franz Hals, Terburg, Metzu, y ese Ruysdael que ha sentido la luz y la frescura de los árboles y de las praderías con tal encanto.

Me prometo gran goce en los museos chiquitos, o al menos, de proporciones razonables. Porque en las visitas a los museos fundamentales, como el de Madrid y el del Louvre (no hablo de los de Londres, hace mucho tiempo que los vi y necesitaría verlos otra vez), se sufre fatalmente una sensación de cansancio, de agotamiento, una pérdida de fluido nervioso, de que llega a resentirse la salud. Comprendo muy bien (aunque no dejo de presentir las incalculables dificultades que ofrecería suprimirlos) la cruzada hoy emprendida contra los museos. No sólo mutilan la realidad y almacenan lo que no se hizo para estar almacenado, sino colocado en su atmósfera propia –el cuadro en la iglesia o en el palacio, la estatua en la plaza o en el monumento, el relicario en el altar, el retrato en el hogar– sino que son un instrumento de desgaste de los más terribles. Entramos en el museo; se apodera de nosotros un insano afán; queremos verlo todo, poseer la belleza por sorpresa y rapto; nos estamos allí horas y horas, y a la salida las impresiones se han confundido, como las palabras cruzadas en el rollo fonográfico. No hace daño ver árboles y playas cinco horas, seis, ni diez, pero las obras de Arte, a las dos horas, han generado calentura, excitación insana, o un abatimiento semejante a la neurastenia. En mis recientes visitas a los museos de París he recordado una frase que solía repetir Tamayo y Baus: "El Arte es el diablo".

Y para ver a Rubens, por ejemplo –me preguntarán–, ¿que necesidad hay de llegar hasta Bruselas, Amberes y Malinas? Nuestro museo nacional conserva algunas de las perlas más nacaradas del estuche. En París han instalado a Rubens como merece, como a un rey, y ocupa él solo un salón opulento, donde sus grandes composiciones decorativas, Historia de Enrique IV y María de Médicis, sirven para lo que deben servir: decoran. No importa; a los pintores flamencos en general, a Rubens en particular, hay que buscarles donde tienen la raíz. Por viajero que haya sido Rubens, su educación pictórica, su formación, son flamencas, flamencos sus maestros, y hasta el eclecticismo de su pintura pudo ya encontrarlo en uno de éstos, el que más acción ejerció sobre el glorioso alumno. El día en que la fuerza, el vigor adquirido y reconcentrado por la moderación y la paciencia, virtudes de la raza, se depositan en un alma, ese día nace Pedro Pablo Rubens. La pintura flamenca es calma, es lentitud, es observación, es sincerísima reproducción de lo que rodea al pintor; no sé si alguien lo habrá dicho, pero creo notar que todo flamenco es retratista, aunque lo que retrate sea una cacerola; su arte rebasa lo genérico de la copia y llega a lo expresivo, a lo particular del retrato. Este resultado no se obtiene sino trabajando despacio, y la flema, poco a poco cuajada, se vuelve sangre. La explosión de la raza en el ardor y el ímpetu desenfrenado, temperamental, de un sanguíneo: eso es Rubens. Quiero verle en su casa, en su fondo, en su cielo; encontrar en Bruselas "La Subida al Calvario", en la soñolienta Malinas la soberbia "Adoración de los Magos" y "La pesca milagrosa", y en Amberes –la propia patria de Rubens–, en Nuestra Señora, "El descendimiento" y "La crucifixión"...

¿En qué quedamos? ¿Voy a admirar cuadros o a enterarme, para enseñanza mía, y quiera Dios que de alguien más, de lo que sucede en Bélgica, nación católica y progresiva, emporio de cultura? Yo misma no sabré nunca hasta qué punto me llama siempre el Arte, distrayéndome de cualquier preocupación, de cualquier interés de la existencia. Es el opio, es el Leteo, es la esencia de cáñamo indiano, que en su vapor difuma las demás representaciones, embriagando suavemente. Para todo habrá lugar, sin embargo, y la prueba es que no empiezo mi peregrinación por ningún museo, sino que bajaré en Tamines para seguir a la Abadía de Benedictinos de Maredsus.

Abadía de Maredous, en Anhée, provincia de Namur.
Monasterio benedictino fundado en 1872.

## LA ABADÍA DE MAREDSUS

A Boris de Tannenberg.

Llego aquí a las cinco de la tarde, me apeo en la estación de Dené Maredsus, y no habiendo coche, a pie me dirijo a la hostería, que está a dos pasos del monasterio, cuyas puntiagudas monteras de pizarra y cuyas innumerables ventanas ojivales de lanceta asoman entre denso cortinaje de arbolado. Un valoncito, como de doce años, rojo, pecoso y plácido, engancha a una carretilla un perro (en Bélgica el perro trabaja punto menos que el borrico) y carga en la carretilla mi equipaje. Guiada y acompañada del chico y el laborioso animal, en quince minutos, por un camino como una sala, festoneado de espesura, subo a la hostería de Emaús. De allí, borradas aprisa las huellas de un viaje de ocho horas, me acerco sin temor a la romántica abadía. Segura estoy de que no vendrá un hato de brutos a amarrarme codo con codo y a tenerme una noche bajo la benigna impresión de una amenaza de muerte –como sucede todavía en nuestra semi-rifeña patria a los que, por ejemplo, quieren estudiar arqueología y arte en Santo Domingo de Silos.

Maredsus es una casa de la gloriosa y erudita orden de San Benito, fundada hará treinta años y construida, con esa piedra del país que pulimentada es mármol, al estilo gótico primitivo, caracterizado por su prolongada ventanería. El convento es vastísimo, la iglesia amplia, suntuosa, con vidrieras y pinturas murales, obra de los monjes, que son artistas, vidrieros, pintores, forjadores de hierro, adornistas; con los locutorios desahogados, con huellas de la cariñosa intimidad, propia de los interiores flamencos. El escritor católico que me ofreció una carta de presentación para Maredsus, me dijo: "Por ahí debe usted comenzar su visita a Bélgica. Contemplará un cuadro interesante de la vida religiosa y conocerá al padre Primado de la Orden, que en ese convento reside. Verá usted qué abiertos, qué inteligentes y qué tolerantes son los monjes."

Con dos he hablado detenidamente (el padre Primado no está aquí: estos Prepósitos viajan mucho). Mis dos benedictinos, *Dom* Mauricio y *Dom* Gregorio, forman perfecto contraste: el uno parece un entusiasta, un estático; el otro tiene corte de intelectual y es profesor del colegio. Estos monjes enseñan a los niños de las clases acomodadas mediante retribución y están edificando otro colegio/escuela de artes y oficios, para instruir gratuitamente a los pobres, costeándoles la estancia. El colegio ya existente es alegre, higiénico; encierra un *hall* inmenso para recreación y fiestas y tiene su museo de antigüedades, sus gabinetes de historia natural, física y química bien surtidos, su sala de música. No puedo decir más del colegio porque no funciona ahora: son vacaciones; pero auguro muy bien de él, si me guío por la favorable impresión que los monjes causan.

Aunque he recogido de sus labios precioso testimonio acerca del estado social, político y religioso de Bélgica, no lo creeré, decisivo hasta completarlo con el de monseñor Mercier, el eminente pensador, a quien muchos tienen por la primera personalidad de Bélgica desde el punto de vista intelectual. Gracias a un azar venturoso para mí, mañana llega a la abadía monseñor Mercier y podré oírle a mi sabor en la tranquilidad de este retiro. Hoy atiendo preferentemente a la fisonomía peculiar de Maredsus, al cuadro de la vida religiosa de que hablaba mi amigo. Los detalles, los signos externos revelan el espíritu tanto o más que los discursos; los lugares y el aspecto de las cosas son elocuentes.

Y que se me perdone, ahora y después, si hasta involuntariamente me veo obligada a comparar. Procedo de un país católico y estoy tratando de estudiar otro católico igualmente; ¡pero sospecho ya que por un estilo tan distinto! Quien haga aplicaciones, con su pan se lo coma.

No estoy, no, en España, aunque estoy al pie de una abadía como las de la Edad Media, centro mitad agrícola, mitad docente, que extiende sus dominios y su fincabilidad sobre un buen pedazo de tierra, y es la señora territorial y moral, la ilustradora y bienhechora de la comarca. No estoy, no, en España, donde a tres pasos de la abadía se hubiese alzado la taberna, no porque los religiosos beban, sino porque no irradian, no influyen en esto, y bebe y continúa siendo inferior, quizás degradada, la gente circunvecina. No estoy, no, en España, porque acabo de ver lo que en España no se ve nunca: seglares, hombres de treinta años, persignándose y recogiéndose para una breve oración antes de empezar a almorzar en una fonda, entre una multitud desconocida... No estoy, no, en España. No pululan, a la sombra de este convento mendigos ni engurruminadas viejas de pueril espíritu devoto: sólo un pordiosero, muy limpio, comía hoy la sopa conventual; a las hermosas y solemnes misa y vísperas asisten tantos varones como hembras; la devoción, practicada naturalmente y sin respeto humano, no es como suele ser entre nosotros, cosa abandonada desdeñosamente por los hombres, aun por los que más se precian de católicos, para que la recoja, a título de distracción inofensiva, el femenino sexo.

Y este botón de muestra de los católicos belgas reluce de aseo, de pulcritud moral y material, de formas escogidas y correctas. ¿Quién se atrevería aquí a ensartar ternos, blasfemias ni palabras soeces? ¿Quién a fumar en un comedor? ¿Quién a escupir? En la iglesia no se suelta la puerta sin mirar si alguien viene detrás; en los lindos paseos que van de la abadía al convento de Benedictinas, Santa Escolástica, los que se encuentran se saludan, aunque no se conozcan. Hay ambiente de fraternidad, algo de buen sabor cristiano. En el tren nos ayudamos todos a bajar y subir, a cargar y descargar las maletas. Nadie alza la voz, nadie molesta a nadie.

Donde más brilla el espíritu para mí nuevo, es en la templanza del lenguaje, en la tolerancia, en la carencia de farisaísmo. Los dos Padres *Dom* Mauricio y *Dom* Gregorio, en este particular, al pie de la letra edifican. Su conversación es franca, explícita, leal, pero la caridad la impregna y la cultura la realza. ¡Dios mío, cuando pienso en las polémicas y el estilo que se gasta por ahí dentro del catolicismo profesional! Les pregunto si aquí existen tales polémicas entre católicos. "Nunca con injurias, calumnias ni personalidades. Sólo hace algunos años empeñaron acalorada discusión sobre ideas los demócratas y los conservadores católicos. Se debatía una ley. Ya votada, acordaron acatarla unánimemente."

Decía uno de ellos, el más joven, el espiritual, que es francés y ha sido oficial de Marina: "Nosotros tenemos que acusarnos de haber descuidado, de haber olvidado al pueblo. El socialismo nos ha hecho un gran bien, recordándonos nuestra misión y las enseñanzas de nuestro Señor Jesucristo. Hoy hemos entrado de lleno en nuestro deber social, y nada omitiremos para cumplirlo. Al estimulante del socialismo hemos de agradecer la dirección actual de nuestros esfuerzos. El catolicismo belga no descansará hasta mejorar la situación de las clases pobres cuanto quepa en lo humano. Cristo lo quiere." –Y añadía el otro, el intelectual, el profesor; "En el socialismo hay su parte irrealizable, pero su parte excelente y justa. El partido democrático católico es dueño del porvenir, si le sostienen la fe y la buena voluntad. A él deben los proletarios el derecho al voto y un sinnúmero de mejoras y reformas que los católicos se apresuran a establecer antes que las establezcan los socialistas enemigos del catolicismo. El error de los católicos fue la tendencia nimiamente conservadora en las cuestiones políticas y sociales. La sociedad evoluciona; el catolicismo, en su aspecto social, también." Y como yo le hablase del diputado socialista Vandervelde, muy anticatólico, y de su libro *El socialismo belga*, repuso el monje: "¡Ah, si! Vandervelde, una lumbrera. Su convicción sincerísima es acreedora al respeto. Yo le estimo por su convicción."

Salía del convento creyendo apenas a mis oídos, cuando, sin duda para que resaltase mejor la belleza de este modo de ser, basado en otra convicción robusta y serena, la casualidad me presentó una escena pintoresca, peculiar.

Anochecía casi. En una de esas praderas aterciopeladas de la tierra flamenca pastaban las vacas y los bueyes del convento, blancos con negros tachones, o color de caoba, como los que vemos en los cuadros de Pablo Potter y de Snyders. El pastor era un lego, con sombrero de anchas alas y cayado. Las campanas dulces y argentinas de la abadía tocaron el *Ángelus Domini.* El lego se descubrió y levantó la cabeza para rezar; el sol poniente, un sol pálido, benigno, le alumbró de lleno la cara y las rizosas barbas de cobre. Era aquello un entrepaño de tríptico, y su fondo, minucioso y bien señalado, la cortina de vegetación que los pintores flamencos reproducen prolijamente. Un soplo de misticismo tranquilo e intenso pasaba por el aire...

# Un obispo

Al Padre Castellanos.

Lieja es una población industrial, de aspecto más bien triste, a pesar de la bonita campiña que la rodea; el polvo de carbón tiñe de gris sucio sus arrabales y sus barrios obreros; hay calles fundadas sobre antiguas galerías mineras; en su recinto reina Vulcano, o –dejándonos de mitologías– se funden cañones, se fabrican máquinas y armas; las iglesias –excepto la de Santiago, que aquí consideran del tipo español y antes parece manuelina, análoga a los afiligranados Jerónimos y a otros edificios portugueses– no tienen mucho que ver; en el Museo, por único atractivo, cuatro o seis páginas de pintores franceses: Ingres, Díaz, Daubigny... En suma, no me hubiese yo detenido en Lieja por Lieja misma, a dos pasos de los sugestivos Museos de Amberes, El Haya y Amsterdam. Lo que me trae a Lieja es el deseo de conversar con el señor Obispo, quien por telégrafo ha avisado a Maredsus que me recibirá a las seis.

El tren en que voy llega a Lieja a las cinco y cuarenta y nueve minutos; salto a un coche en la estación, y antes de las seis estoy llamando a la puerta del patio-jardín que rodea el palacio episcopal. Me hacen entrar en una sala baja, amueblada sin lujo ni elegancia, presidida por un Crucifijo; y cuando el "carillón" de la Catedral anuncia las seis con su aérea y melodiosa sonata, "Monseñor de Lieja", puntual como todos los grandes trabajadores, se presenta alargándome la mano que lleva el anillo –un pobre topacio sin pedrería alrededor.

Nos sentamos. Yendo derechamente al asunto que sabe me interesa, el Obispo empieza a explicarme con detalles su obra de titán. No da indicios de tener prisa (otra señal característica de los muy ocupados y en cosas muy útiles), y más de hora y media habla con claridad y método, adelantándose a mis preguntas. En la explicación andan mezcladas graciosamente las indicaciones del orden práctico, hasta familiares, con las altas miras de moralidad y caridad social, bien como en las tablas flamencas de místico asunto se ven los más humildes utensilios domésticos.

–Aquí –refiere el Obispo– no todos los católicos estaban conformes con nuestra campaña. Cuando repetíamos que el pueblo sufría, que se cometían abusos con él, que padecía miseria, que las mujeres, con incesante menoscabo del pudor, trabajaban semidesnudas en la profundidad de las minas, que las fuerzas del niño eran explotadas antes de tiempo, que el obrero envejecía y moría sin socorro, después de una existencia de ruda labor, que almas y cuerpos andaban abandonados igualmente, –esos católicos llamados *conservadores*, no por mala intención, por error, suponían que acaso hubiese exageración en el cuadro, o que los resultados de nuestro espíritu democrático serían peores que el daño que tratábamos de remediar. Hoy se me figura que van convenciéndose y que caminamos a la unidad de fines. No conocemos otro medio de atajar los progresos del socialismo dentro de la ley de Dios; porque el socialismo nació de esas injusticias y de esos abusos, de la desgraciada condición dé los trabajadores; y hoy es tan pujante aquí, como en ningún país del mundo.

Adviértase que, para cumplir nuestro deber, es preciso que no miremos a atajar el socialismo; eso ha de ser un fin indirecto, un resultado natural, por decirlo así, de nuestra obra. No somos políticos, sino economistas cristianos, que combaten la miseria, el alcoholismo, el vicio en las clases populares. Lo demás lo hará Jesucristo. Nosotros también somos obreros, obreros de la viña... Nuestro rumbo nos lo ha señalado el Papa con la Encíclica *Rerum novarum*... Ella ha orientado la acción social católica. Por mucho que en beneficio de las clases laboriosas haga el poder civil, la mejor y mayor parte en esta tarea, a la Iglesia compete.

La tarea es vasta... Diré a usted cómo he procedido, por ejemplo, en la cuestión de las asociaciones agrícolas, para mejorar la condición del aldeano. ¿No tengo ahí –pensé– en cada aldea un párroco que puede dedicarse con celo a fundar la asociación? Pues instrucciones concretas al párroco. El párroco busca un laico, la persona más capaz y digna de la localidad; éste señala, otros dos o tres vecinos, y ya tenemos formado el comité. El bien que han hecho estas asociaciones y el que están llamadas a hacer, es incalculable. Gentes ricas adelantaron el capital para los Bancos agrícolas, que han redimido al aldeano de la usura, facilitándole dinero secretamente, sin más garantías que su honradez, y a un rédito insignificante. Ya sabe usted que a esas buenas gentes cualquier incidente imprevisto las arruina: una granizada, una epizootia. Conjurado está el peligro, que no se remediaría repartiendo limosnas al producirse la catástrofe; y por otro lado, aspiramos a que no tengan nuestras obras carácter de "socorro" arbitrario; que en ningún modo lastimen la dignidad de los trabajadores, sean del campo o de la fábrica. La cooperación y la mutualidad salvan el inconveniente. Nos hemos consagrado a evitar que los intermediarios esquilmasen el provecho que al labrador corresponde. Una lechuga o una col, supongamos, le vale al labrador cinco céntimos, y en el mercado la adquirirá usted por veinticinco. Malo para el productor, que vende a ínfimo precio, y malo para el comprador, que paga más de lo justo. Hemos quitado esa explotación, estableciendo depósitos y agencias que adquieren los artículos en buenas condiciones para el productor, y los colocan, librando al aldeano de una preocupación y de una esclavitud. La leche, los huevos, las legumbres, el queso, los gorrinillos, las vacas, –a todo hemos atendido, y todo se resarce en dinero, porque antes se cometía el abuso de pagarles en especie, perjudicándoles una vez más en la calidad de los artículos que se les obligaba a aceptar, en concepto de remuneración. Como el alcoholismo nos preocupa mucho, por los estragos que hace en las clases trabajadoras, hemos gestionado proporcionarles cerveza buena, una bebida higiénica, sana, porque el trabajador no vive con agua sola. Y ya la tienen, barata, de la mejor calidad...

Observé que el Obispo sonreía, obrero satisfecho de la labor, del terreno ganado en la clase agrícola, poco minada por el socialismo aún, según confiesan Destreé y Vandervelde. En la Biblioteca de economía cristiana que a la mañana siguiente tuvo la bondad de remitirme

Su Ilustrísima (sobre cuarenta y cinco libros y folletos, que guardo como oro en paño), encontré después los testimonios de la especial atención que merece la cuestión rural a este apóstol infatigable. Estudios sobre el seguro y el contraseguro del ganado; sobre las queserías y fruterías cooperativas; sobre los sindicatos cooperativos agrícolas; sobre el seguro de mutualidad contra el pedrisco; sobre el sindicato de lecherías; monografías extensas de elementos de economía social agrícola para uso de las escuelas de enseñanza doméstica y de agricultura y de los sindicatos agrícolas; todo responde a un mismo pensamiento, que debe de ser el predilecto del Obispo de Lieja.

–Se ha luchado bastante; la idea ha cundido –declaró con sencillez; pero sería malo que creyésemos haber hecho ni aun lo más urgente; el campo es ilimitado, la labor lo mismo, y hay puntos en que encontramos resistencia y esterilidad, sindicatos y gremios –aquí en la propia Lieja, verbigracia, el de los sastres– que marchan penosamente. Sin embargo, la extensión social de la obra es tan continua, la organización se ramifica tanto, que tengo por nuestro el porvenir. Vendrá un día en que, ante la suma de beneficios y de bienestar obtenido para labradores y obreros, acabarán por comprender que la salud, abajo como arriba, está en Cristo.

En toda la conferencia –que extracto en espíritu y no literalmente– había yo preferido no interrumpir al Prelado, que de suyo, adivinando lo que podía importarme, lo desarrollaba con precisión y con una riqueza de pormenores digna de un pintor de la escuela holandesa, realista. No obstante, tres preguntas recuerdo haberle dirigido. He aquí la primera:

–Monseñor dice que cada párroco, para organizar la cooperación a favor de los agricultores, busca en la parroquia un laico de capacidad. Ese laico, ¿es lo que allá llamamos "el cacique", o sea la persona a quien el Gobierno presta influencia a cambio de servicios electorales?

Y el Obispo, extrañado, me contestó:

–Aquí no sabemos qué es eso. No comprendo a qué clase de personas alude usted.

Segunda pregunta:

–En las obras que realiza la democracia católica, ¡se excluye a los trabajadores no católicos, o son generales, sociales, en toda la extensión de la palabra?

Respuesta:

–Preferimos, en atención a la armonía de los esfuerzos, actuar sobre la masa católica; pero tenemos un criterio amplísimo, mucha latitud, y a nadie negamos el agua y el fuego. Para combatir el alcoholismo –supongamos–, ¿qué necesidad hay de saber cómo piensa y lo que cree nadie? Pero la compacta organización socialista, a su vez, deslinda los campos, y sin que seamos exclusivistas, por ley de las cosas, nuestra fuerza es nuestra fuerza.

Tercera pregunta:

–Encarece Monseñor, y encarecen aquí en general los católicos, la conveniencia de respetar la dignidad del obrero, de no dar a los beneficios carácter de limosna. ¿Es que se ha transformado la caridad cristiana, rompiendo los moldes de la Edad Media?

Al formular esta interrogación estábamos de pie hacía un rato en la puerta, temerosa yo de molestar al señor Obispo prolongando la visita, y prosiguiendo él, como quien habla *ex abundantia cordis*, su exposición de hechos. La luz que venía del patio del jardín daba de lleno en el rostro grueso, linfático, de marcado tipo de raza. Y al contestarme, el azul claro de las pupilas se vidrió un poco, con la humedad de las emociones propias de un alma que es toda entusiasmo y ardor, bajo la corteza del sentido práctico, de la atención estricta a la vida real –cualidades de la raza también.

–¡Ah! –murmuró–Lo más hermoso de la Edad Media no lo hemos desechado. ¡Si viese usted este año a las señoras de la Asociación para enfermos, lavando con sus manos unas úlceras cuyo aspecto me impidió comer aquel día, se acordaría usted de Santa Isabel y de San Francisco!

Con mayor veneración que al entrar, besé el deslucido topacio, despidiéndome del buen Pastor, jefe de los demócratas católicos y alma del movimiento que rescata diariamente de la miseria y de la inmoralidad a tantos semejantes nuestros y contribuye a fortalecer la patria.[1] Y al cruzar el silencioso jardín, volviéndome una vez más para saludar desde lejos a Su Ilustrísima, que continuaba en el umbral, resonaba dentro de mí la afirmación oída en París: "El Catolicismo es una fuerza social enorme."

Victor-Joseph Doutreloux
(Lieja, 1837-1901)

1. Pocos días después de esta entrevista murió súbitamente Monseñor Doutreloux, Obispo de Lieja.

A Elena Español.

Estoy en el pueblo de Rubens –al cual le han despojado de esta gloria, probando, según noticias, que el mágico pintor nació en Stiegen. Sea como quiera, la memoria de Rubens aquí persiste; aquí está su sepulcro; en la catedral se guardan los dos soberbios y populares trípticos de la Crucifixión y el Descendimiento; en el Museo Plantino retratos a granel, y en el Museo del Estado tales obras, que bastarían ellas solas para labrar la reputación de un artista menos fecundo. A este Museo le llamo un Museo católico, porque predomina en él el sentimiento de la poesía y de la magnificencia religiosa, y de antemano sé el contraste que forma con los Museos protestantes que visitaré, compuestos de representaciones de la vida humana, civil y doméstica.

Por conceptos especiales, otros pintores habrán realizado la belleza con más intensidad o finura que Rubens; pero ¿quién reunirá en conjunto, con semejante equilibrio y salud, tal suma de cualidades? La rapidez de su ejecución jamás degenera en debilidad. La abundancia es robustez. La sensualidad, la carne, resplandeciente y rica en Rubens, no triunfa del espíritu. La trivialidad (el vicio del pincel holandés) es desconocida para ese príncipe de la pintura, gran señor al par que obrero laborioso, incansable. Su naturalismo es dramático, ni bajo ni grotesco. Sabe componer, sabe pensar; pero la inspiración, que acude dócil, ardiente, al momento de llamarla, se sobrepone a ese elemento intelectual que hiela y petrifica las obras plásticas visiblemente "pensadas". Esto y aun mucho más que guarda relación con la técnica, con el manejo del color, puede decirse en elogio de Rubens.

En el Museo, imponiéndose, Rubens triunfa. Sus regios amarillos, sus púrpuras sombrías, sus hondos azules, sus verdes, sus oros tostados, la victoriosa sinfonía de su paleta, se meten por los ojos, exaltan o regocijan los sentidos. De sus cuadros, al pronto, me impresionaron dos: la "Lanzada" y el célebre "Cristo sobre la paja". Este último me infundió una mezcla de admiración y horror. A pesar de las severas censuras que le dirigen algunos críticos de arte, la cabeza, el cuerpo y la actitud de Cristo muerto, con los coágulos de sangre que asomando por las fosas nasales manchan el rostro, se me grabaron en la memoria –el genio español no ha concebido nada más terrible. Porque Rubens, que pinta para la vista y no para la imaginación (Rembrandt pintaba para lo uno y para lo otro), subyuga la imaginación por la magia del colorido y la maestría "natural" de sus composiciones. Si se reuniesen en un solo Museo los cuadros cristológicos de Rubens, desde sus "Adoraciones de los Magos" hasta sus "Entierros"–la serie de páginas de la Pasión–, se vería que nadie trató con más fuerza, con más continua lucidez de visión semi-divina, el drama de la Vida sublime.

Y al lado de lo horrible está lo gracioso y tierno-tierno al modo de Rubens, cantado en himnos y estrofas y poemas de color que son una delicia. Encuentro en Amberes dos joyas de esta clase: la "Educación de la Virgen" y una hoja de tríptico, "La Visitación", en la Catedral. El adaptable genio de Rubens no ha dado mejor muestra de su singular facultad de asimilación que esos dos trozos de pintura, si exceptuamos un cuadro, del Museo de Amberes igualmente, cuadro no muy estimado hasta el día, y que ahora ha llegado a considerarse sobresaliente, por el sentimiento y la emoción, entre los de Rubens. Es una página franciscana, un encargo de los frailes para su iglesia, por el cual abonaron al maestro un puñado de florines, una miseria hoy y también quizás entonces, pues al cabo Rubens era famosísimo, capitaneaba el arte; pero Rubens, que pintaba con facilidad y felicidad, sin cansarse, admitía lo que le daban, y muchas obras suyas manifiestan en la precipitación de la factura que respondían a encargos de este género. Sin duda los discípulos ayudaban al maestro a despachar la labor, En el cuadro, hoy rehabilitado, "Última comunión de San Francisco", no se ven indicios de colaboración; todo procede de la mano, en esta ocasión contenida, depurada y como espiritualizada, del propio Rubens. Si continúa subiendo la ola de admiración que ha llegado a producir este lienzo, le veremos al frente, y a mucha distancia, de todo lo demás que nos dejó el pincel del mago de Amberes. "Nunca –dice Fromentin– fue aquel grande hombre más dueño de sí mismo, de su corazón y de su mano; nunca su concepción tuvo mayor alcance; nunca su noción del alma humana fue más profunda, ni su paleta más rica en color sin exceso; nunca su diseño más puro. En esta obra se transfigura Rubens, y después de haberla mirado no cabe mirar otra cosa: hay que irse del Museo". Para aquilatar el valor de la alabanza, recordemos que en el Museo de Amberes están el "Cristo muerto", de Van Dyck; el "Cristo muerto", de Matsys; la "Santa Bárbara", de Van Eyck, y últimamente el colosal tríptico de Nájera, obra de Memling –o de quien sea– ¡traído de España, de donde jamás debió salir tal maravilla!

Con la impresión reciente de este Museo, donde todo habla a la sensibilidad en el lenguaje brillante y conmovedor del arte impregnado de catolicismo, no hay cosa que mejor se avenga que una procesión, la gran procesión del año, en honor de la Virgen. La casualidad me ofreció este espectáculo, como me había ofrecido el mucho menos interesante de la cabalgata a la luz de hachas y faroles, con los delfines y sirenas del Escalda, y la giganta y el gigante que vuelven la cabeza mirando a los balcones. (Aquí se mueren por cabalgatas y comparsas históricas: leo en un diario que para festejar la toma de posesión de un párroco, se ha organizado en una aldea una comparsa donde salen archiduques, barones y damas del siglo XVI.) La procesión es diferente: nada de teatral; la tradición tan sólo.

En el hotel me avisa el portero, todo alborozado, que habrá procesión a las once en punto. Es domingo: en la Catedral se agolpa a oír misa la endomingada muchedumbre, las señoritas de azul y rosa, los burgueses con chisteras planchadas. Amberes parece una ciudad española: nuestros soldados, en los tiempos de la "furia española", deben de haber cortejado asaz a las blancas flamencas: hasta el tipo fisonómico es semejante al de España; entre los que alambraban he visto muy pocos rubios. El modo de estar en el templo me recuerda el nuestro: no excesiva compostura, sonrisas, saludos, animación, aire de fiesta; casi nadie, atiende al sermón flamenco, cuyos períodos salen de un pulpito de talla prolija y aparatosa, con árboles, hojarasca y un ángel que toca la trompeta. Y el flamenco, con su pronunciación de la jota aspirada, análoga a la nuestra, tiene un sonido tan castellano, que en la calle suelo volverme creyendo que detrás de mí hablan el patrio idioma.

Acábanse misa mayor y sermón, y en la plaza, ante el pórtico que guarnecen las desiguales torres, una completa y la otra sin terminar, y que adorna como broche de orfebrería el encantador brocal de hierro forjado por Quintín Matsys, se organiza la procesión. En la cervecería donde me siento a una mesita para ver los preparativos, entra a refrescar la  charanga, y los músicos apuran la "chope" riendo y bromeando con las camareras. El día es espléndido: los balcones no están colgados, sin duda no es costumbre aquí, pero de lado a lado de la plaza flotan a cientos banderolas que blasonan el león de Brabante y las manos cortadas de Amberes. El suelo se cubre de espadaña, hojas y olorosas hierbas, profusamente traídas en canastillos. Me dan una palmada en el hombro: es una viejecita, prendida con el extraño tocado de Lovaina, que parece una mantilla española de seda negra coronada por una diadema de flores artificiales. "En la otra plaza verá usted mejor el conjunto", me advierte con la oficiosidad expansiva de "allá". –Sigo el consejo. Ya la procesión desfila.

Primero, las Sociedades obreras con sus estandartes e insignias; las asociaciones y congregaciones, algo que no tiene fin; las cofradías principales de cada parroquia; las cofradías especialmente mañanas; el clero, con cruz alzada; las linternas doradas y plateadas de cada iglesia, que equivalen a las mangas y las recuerdan por su forma. Y, fulgurante bajo el sol que arranca chispas a la pedrería de su corona, regalo de la ciudad de Amberes y tasada en muchos miles de francos, la Virgen, con un manto que Rubens se hubiese gozado en pintar: de tisú de oro recamado de rosas de mil tonos purpúreos. Al paso de la Virgen, los niños, aupados por sus madres, envían besos. El rico estandarte que sigue a la Virgen representa el acto de su coronación por el Arzobispo de Malinas.

Cuando pasa el Santísimo, bajo ostentoso palio, me fijo, observo las actitudes, y veo confirmadas noticias que monseñor Mercier me dio en Maredsus. "Si alguien no quisiese descubrirse, echaría por otra calle. No es obligatorio, ni a nadie se reprende porque no lo haga; pero, en efecto, todos lo hacen." Así era: en aquel momento el bullicio se extinguía, la multitud se inclinaba respetuosa.

Me acordé de esas nuestras procesiones novísimas, a las cuales, ni más ni menos que en tiempo de la Liga, se asiste armado hasta los dientes, y donde llueven mojicones, palos y aun tiros... y una vez más el problema de nuestra religiosidad e irreligiosidad peculiares se me presentó como otro aspecto de la "furia española", de que aquí se habla todavía a la vuelta de tres siglos.

Fachada del Museo Plantin-Moretus,
Amberes

Al barón de la Vega de Hoz.

Unos dicen que la maravilla de Amberes son los lienzos de Rubens; otros, que el Museo Plantino. Lo indiscutible es que el tal Museo no tiene semejante.

Ha de recordarse, en apoyo de esta afirmación, que la ciudad de Amberes, cual noble dama de trágicos destinos, ha corrido vicisitudes, gozado prosperidades, padecido decadencia y ruina; que después de disputar a Venecia la soberanía del comercio y del lujo y ver su puerto henchido de navíos y sus almacenes abarrotados de mercancías orientales y los productos de sus fábricas y talleres exportados a subidos precios, cayó sobre ella de improviso una granizada de infortunios, de la cual se nos hace responsables a los españoles, al "demonio del Mediodía" especialmente; quedóse despoblada, emigraron sus laboriosos hijos, la entramos a saco, la infligimos los horrores de un asedio que duró más de catorce meses, cerramos su puerto, aniquilamos su industria, redujimos su población a menos de una tercera parte. En medio de tanta calamidad, mientras la gloria de

Amberes se sepultaba, como gallarda esfinge de pórfido, bajo la arena del desierto, una especie de institución permanecía en píe; una dinastía pacífica, fundada por el trabajo, consolidaba su extraña dignidad, y al visitar el Museo Plantino nadie creería que Amberes no hubiese permanecido siempre al abrigo de los huracanes de la historia.

La impresión del Museo Plantino la identifico con la peculiar del Renacimiento. A la distancia que nos separa de este período de la humana evolución, como sabemos que el Renacimiento era sano y fuerte, nos parece armonioso y apacible. Nunca, sin embargo, se agitó el hombre con más dramática violencia. Arte sumo, vigor viril, intensidad científica, acción individual –condiciones del Renacimiento que encuentro en el Museo Plantino, fuertemente representadas. Y los grandes nombres, la mayor parte familiares a nuestros oídos, que en él resuenan –Arias Montano, Justo Lipsio, Pico de la Mirándola, Alfonso de Aragón, Cosme de Médicis–, despiden el aroma característico del Renacimiento, a vino rancio y generoso.

Digamos ya cómo se formó y en qué consiste la colección Plantina, caso único de Museo "natural", realización del sueño de los aficionados a quienes subleva que la obra de arte sea arrancada de su medio y de su fondo, para hacinarla o encasillarla entre otras mil en los almacenes y necrópolis que suelen conocerse por Museos, Colecciones y Galerías.

Hacia mediados del siglo XVI, un francés, obscuro aprendiz de tipógrafo, vino con su joven esposa a establecerse en Amberes. Era primoroso en esas encuadernaciones de piel repujada con artísticos hierros y en esos diminutos baúles de badana y suela que hoy se buscan en casa de los anticuarios. Los refinados eruditos le llevaban sus Horacios y sus Antologías griegas a vestir de tafilete con elegantes cabos y estampados de oro. Zayas, secretario de Felipe H, hubo de encargarle un cofrecillo para remitir una piedra preciosa destinada al monarca español. Al dirigirse a entregar el cofre, el encuadernador (cosas de aquel siglo) fue acometido, acuchillado y herido gravemente. Curó, pero quedó imposibilitado para la labor en cuero; hubo de consagrarse otra vez a la imprenta y se estrenó publicando un librito sobre "educaión de una doncella noble", tema de actualidad.

Como la vid al olmo, el hábil Plantino se arrimó al árbol gigante de Felipe II, formidable sombra para cobijar a un industrial en los Países Bajos. Aunque varios testimonios autorizan para incluir a Plantino en la lista de los heterodoxos y hasta de los iluminados, lo cierto es que, por influjo del gran Filipo, un privilegio exclusivo de la Santa Sede para publicar libros litúrgicos fue raíz de su fortuna. Felipe II solía andar entrampado con Plantino; pero, en cambio, cuando asoló y saqueó a Amberes la "furia española", los establecimientos de Plantino fueron respetados; el águila bicípite de Austria, dominadora del mundo, tendía la proyección misteriosa de su heráldico y negro plumaje sobre la habitación del prototipógrafo del Rey.

El impresor se había establecido en una casa próxima al mercado del Viernes –la misma donde hoy existe el Museo, y que ha sido poco restaurada. Dígase la verdad: el Museo nació cuando Plantino clavó en ella la pierna fija del compás de su blasón intelectual y artístico. Insensiblemente todo fue Museo allí. Es el encanto de la notable colección: se hizo sola, día tras día.

No dejó el fundador hijos varones y fue encargado de continuar la dinastía su yerno Juan Moreto, el cual, pensando en perpetuarse, erigió la imprenta en mayorazgo electivo, vinculándolo para el más digno y capaz de sus descendientes. Por eso encontramos en el Museo Plantino ese lento y constante acarreo de arte y de recuerdos, que únicamente realizan el tiempo y la paciencia conservadora de muchas generaciones –la famosa pierna fija del compás plantiniano.

Aquellos impresores se hacían retratar por Rubens; eran millonarios; se enterraban en la catedral; se llamaban, como los soberanos, Baltasar II, Baltasar IV; poseían su ejecutoria, y en sus armas campeaba un águila de sable en áureo fondo. En su tipografía componían, en honra del oficio, los monarcas. A diferencia de ciertos aristócratas que malrotan la casa y malbaratan la hacienda, los Moretos se respetaban, porque trabajándose habían formado. El semidiós Hércules y la Constancia eran los tenantes de su escudo, y trabajando se sostenían. Cuando faltaba el jefe y quedaban pequeños los hijos, A la cabeza de la imprenta se colocaba la mujer. Hasta los últimos años del siglo XIX, sin interrupción, funcionaron las prensas de Moreto.

¡Derecho tenían a descansar, a entrar en la historia las valientes prensas que arrojaron a la circulación tantas páginas! La ciudad de Amberes adquirió la imprenta, la morada, las colecciones, el material... y todo, exactamente como lo dejaron los más ilustres dinastas, con su flor de pátina de los siglos XVI y XVII, se visita hoy e infunde al espíritu la alucinación de que existimos y nos movemos, durante algunas horas, en el reinado de Felipe II, hijo de Carlos de Gante, o del poeta Felipe IV.

La ilusión es perfecta. Todo subsiste íntegro, guardado cariñosamente. Como tesoro de arte brilla el Museo

Plantino, pero de arte "orgánico", inherente a las paredes que lo encierran. Dispersad el Museo y lo habéis matado. Cada objeto, de por sí, no significa gran cosa: ni aun los mismos retratos de Rubens. Es la sinfonía, no la nota, lo que constituye el valor de colección tan extraordinaria, que reseñaré por el orden en que voy visitándola y anotando en mi cartera lo que más me llama la atención entre la profusión y riqueza del contenido.

Tres salones encierra el piso bajo, tendidos de damascos y de viejos tapices flamencos, en cuya cenefa diviso el compás simbólico. El mismo emblema de tenacidad y laboriosidad decora la chimenea del primer salón. Muebles ricos y viejos, porcelanas curiosas adornan la estancia; en el salón contiguo, también decorado con las iniciales de Moreto, un suntuoso contador soporta el reloj que regalaron al impresor aquellos archiduques Alberto e Isabel, que significan para Bélgica la edad de oro. En este segundo salón decoran las paredes doce o trece pinturas de Rubens, la mayor parte retratos de la dinastía. No son obras maestras, ni Rubens hizo jamás obra maestra en el retrato, aunque la aseveración sorprenda, que a los entendidos no les sorprenderá. Ni en el atento estudio de la personalidad, ni en el parecido exacto, traducción de la vida individual, descollaba el mago de Amberes. Retrataba de prisa, a la ligera, de un modo indeterminado, convencional, brillante, engañador y atractivo, lo más opuesto al método de los excelentes retratistas de Flandes. Y si no fuese así; si Rubens retratase como Franz Hals o Rembrandt, ¿quién calcularía el valor del segundo salón del piso bajo en el Museo Plantino?

No son, pues, los retratos, a pesar de su procedencia, lo que más se graba, en la memoria de este Museo. Es lo relacionado con el arte de imprimir. Son los diseños (de Rubens hay también algunos) destinados a frontispicios de obras; las marcas de imprenta; las páginas de Breviario; las viñetas; las planchas de cobre y xilográficas para ilustrar los antifonarios, misales, oficios diurnos y nocturnos, Biblias, devocionarios y tratados eruditos; los códices con miniaturas, que precedieron a la imprenta, y los que encarnan la transición, impresos los caracteres y miniadas aún las capitales; los manuscritos raros, los incunables, las ediciones de precio, entre las cuales veo varias en castellano –por ejemplo, el "Florilegio", de Séneca, traducción española de Juan Martín Cordero. Casualmente me fijo en una acuarela del siglo XVI y encuentro en ella la demostración de que no ha sido Parmentier, como se cree, el introductor de la patata, sino que Felipe de Sivry en 1588 conocía, recomendaba y retrataba –digámoslo así– el precioso tubérculo, debiendo este conocimiento a un Legado pontificio en Bélgica. Otra curiosidad: los años 1620 y 1622 de la primer *Gaceta*, ¡el primer periódico que ha visto la luz en el mundo!

Como estudio retrospectivo, la tienda y la trastienda, conservadas en su primitivo estado, son interesantísimas, En la tienda veo la efigie de la Virgen, los anaqueles llenos de libros, los pesos de la moneda prontos a funcionar, las tasas de librería expuestas, y a la vista el índice de obras prohibidas –impreso de orden del duque de Alba por el mismo Plantino, y en el cual figuran obras publicadas por Plantino también. La oficina de correctores presenta su mobiliario auténtico, el pupitre donde trabajaban aquellos a quienes, más que obreros, deberíamos llamar sabios, gramáticos, humanistas y filólogos, capaces de anotar los clásicos latinos y de redactar papeletas de diccionario o corregir textos griegos. El hoy modesto oficio de corrector fue ejercido aquí nada menos que por Arias Montano. Los primeros Moretos no se desdeñaron de figurar al frente de sus correctores.

Recorridos tienda, despacho y oficina de corrección, me enseñan el aposento de Justo Lipsio, vestido de sombrío cuero de Córdoba con ricos arabescos dorados, y de allí sigo a contemplar la colección de extraños y decorativos alfabetos romanos y góticos, las cajas de caracteres, las prensas ¡sagradas prensas! Algunas contemporáneas de Plantino, los estatutos de la Imprenta en un marco, y luego salas y salas con ejemplares y ejemplares de libros y de grabados soberbios, tesoros en autógrafos expuestos en cristaleras, encuadernaciones admirables –aunque ninguna en piel humana como las que existían en la Exposición el año pasado–; la fundición con todos sus útiles y herramientas, moldes, matrices, punzones, hornillos, tres bibliotecas y un archivo atestado de documentos...

Al bajar la escalerita blasonada, al salir a respirar en el pintoresco claustro o patio que enrama la hiedra y adornan los bustos de la dinastía, experimentaba en sumo grado el sentimiento de la veneración. Todo el robusto esfuerzo intelectual del Renacimiento, al cual debemos la expansión de la Edad Moderna, se me había aparecido bajo la forma artística, selecta, noble, que revistió la Imprenta en sus dos primeros siglos, cuando aún la inspiraban las tradiciones de los códices, de la caligrafía y la miniatura medioeval. Si Plantino resucita y le enseñamos nuestro vil libraco de a tres pesetas, sin ilustraciones, sin márgenes, sin colofón, sin frontispicio, con su papel de estraza y sus erratas a docenas, o nuestro periódico de a cinco céntimos, con su tinta que se borra y mancha, ¿qué gesto de desdén haría el procer architipógrafo, el del "Compás de oro", gran señor y gran intelectual?

Al Cardenal Sancha.

Mi excursión de Bruselas a Lovaina no tiene por objeto contemplar retratos de orondos burgomaestres y regordetas fregatrices, ni Casas Consistoriales bordadas en piedra. Según la Guía, las curiosidades de Lovaina están vistas en dos horas; pero el organismo de la tranquila ciudad universitaria requeriría, para ser debidamente estudiado, un mes de residencia. Dos instituciones me importaban: la Universidad Católica y la "Gilde" o Sociedad cooperativa.

Son los dos aspectos del catolicismo belga: el pensamiento y la acción, la ciencia y la caridad. Del segundo había visto en Lieja muestra tan maravillosa que aún no me encontraba repuesta de mi asombro. El océano de "obras" catalogadas en el "Manual del visitador del pobre", de Laumont, me aturdía con su eco profundo. Las palabras del Obispo, que ya ha subido al cielo, permanecían grabadas en mi memoria: "Es tanto lo hecho, que no cabe duda; nos pertenece el porvenir". La "Gilde" me presentaría, prácticamente, la función social, y la Universidad la función docente, explicada por persona de tanta competencia y dignidad como Monseñor Mercier, director del Instituto superior de Filosofía.

En la Abadía de Maredsus habíamos concertado la visita a Lovaina, cuando Monseñor Mercier se encontraba allí practicando ejercicios, "une retraite", como dicen. Estas prácticas piadosas, realizadas por un pensador, sin sombra de afectación, sencillamente, revelan la vida moral, cuya savia alimenta la vida intelectual. Nadie ignora que Monseñor Mercier es a la vez que un sabio respetado en Europa, un ejemplar y digno sacerdote. Por eso sus opiniones acerca de España –que visitó no hace mucho tiempo– fueron para mí inestimables. Confirmaron plenamente cuanto yo creo y profeso respecto a nuestro modo de ser en materia tan grave y capital como la religiosa, y me quitaron el recelo peculiar de los que se sienten contrapuestos a la opinión, extraños al ambiente. No sé si me resolveré por fin a comunicar al público las observaciones españolas y las iniciativas, españolas también, del desinteresado viajero; ahora sólo voy a explicar lo que caracteriza a la Universidad Católica de Lovaina.

De ella dijo con exactitud el Agustino Padre Marcelino Arnáiz, que siendo "resto viviente de las instituciones científicas del pasado, ha tenido la suerte de conservar, al través de los accidentes de la historia, su completa autonomía, sus prestigios y sus tradiciones". Pero ya veremos cómo, al abrigo del pasado y de la tradición, difícilmente podría el espíritu moderno exigir más de lo que en Lovaina se le ha concedido. El Instituto superior de Filosofía, cuyas aulas y dependencias acabo de recorrer, se debe originariamente a excitaciones y donativos de León XIII. El Congreso católico de Malinas, en 1900, inscribió la fundación del Instituto en su programa. Fue objeto del Instituto la renovación de los estudios filosóficos en el sentido señalado por Santo Tomás de Aquino, dirección en la cual, a primera vista, diríamos que coinciden todos los Institutos de enseñanza católica.

Sin embargo... Que esto es "otra cosa"; que no es el tomismo, según se entiende por allá, y contra el cual fulminó Monseñor Mercier, en nuestra plática, dura reprobación –lo gritan los laboratorios donde, no sin admiración mía, aprendo que se estudia la "psicofísica" y la "psicología experimental". ¿Lo oyen bien mis lectores? A la sombra del "Seminario León XIII"; bajo los auspicios del Papa y del eclesiástico de edificante vida; siguiendo e invocando las doctrinas del Angel de las Escuelas –se estudia la psicología, no en libros, entre abstracciones y fantasmas, sino al modo positivo, según las últimas imposiciones atrevidísimas de la ciencia moderna.

De ese modo lleva a la práctica el Instituto las intenciones enunciadas terminantemente por Monseñor Mercier, de romper el fatal aislamiento, el círculo polar donde se encuentran bloqueados los científicos católicos; de evitar el divorcio entre las dos verdades fundamentales; de cultivar la ciencia por sí misma, sin fin profesional y sin fin apologético directo, trabajando de primera mano, contribuyendo, si es posible, a la labor del siglo, entrando de lleno en el movimiento irresistible y magnífico que nos lleva hacia el porvenir, y manifestando así "el respeto de la Iglesia hacia la razón humana".

Ni en el laboratorio de Laureano Calderón, ni en labios de Ramón y Cajal pudo resonar himno más entusiasta a la razón y a la ciencia, del que entona este hombre de continente austero, vestido con la ropa semiepiscopal de los Prelados domésticos de Su Santidad, y que se inclina al entrar en la capilla, con la unción del creyente. –Es preciso –repetía– que el católico comprenda la significación de la ciencia y no se empeñe en reducirla A arma de combate en defensa de su credo. La Iglesia ha sido fuerte cuando (como en la Edad Media y durante el florecimiento de la escolástica) se abrazó a la ciencia sin pueriles temores. Hoy, por desgracia, muchos se habían obstinado en amoldar la ciencia a las necesidades apologéticas, según ellos las entendían, y el vigor científico se retiraba de nosotros. La ciencia "es en sí"; tiene valor, belleza y dignidad propia, y en tal concepto debe cultivarse; y si procediésemos de otro modo, con justicia nos desdeñarían los incrédulos. Y además, ¿hemos de cerrar los ojos a las transformaciones y adelantos del humano conocimiento? ¿Qué hacía Santo Tomás? Discutir con los sabios de su época; ahondar los problemas propuestos a su época. Imitémosle: no nos atrincheremos en la época de Santo Tomás. Ahí está la nuestra, que nos llama. Desde Kant acá, la filosofía va por nuevos rumbos. No se adelanta nada con aplicar a los filósofos modernos calificativos que expresen que nos molestan sus doctrinas. En ellas tampoco es todo error, ni aun teológicamente considerado. El error es a veces camino para la verdad, y el alma de verdad que encierra cada doctrina irradia al través de los errores. Y ante verdades científicas cumplidamente demostradas, ¿qué significaría una caprichosa protesta? Los moldes antiguos son estrechos; tenemos que romperlos. La psicología, sin ir más lejos, es un brote joven de las ciencias de observación; si la psicología se hace sin nosotros, se hará contra nosotros. Es preciso que en este campo como en los demás tengamos investigadores y maestros: sólo así ganaremos el derecho de dirigirnos al mundo intelectual y que nos escuche.

–En nuestro Instituto –añadió después de una pausa el ilustre filósofo– no se estudia para aplicar los diplomas al adelanto en la carrera. Considero que los estudios superiores se caracterizan así: son de alta cultura, no exigida profesionalmente; son la parte libre y facultativa de la instrucción. Un año, dos años, diez ¡la vida entera! puede durar el ejercicio de los estudios superiores. ¿Por qué no ha de consagrarse la existencia al estudio por el estudio?

Y como pasásemos a la cuestión de medios y recursos, al sostenimiento de la Universidad y de la Facultad, supe que en el mundo entero se ha iniciado un movimiento generoso; que los millonarios dan a puñados el oro, con preferencia quizás para lo intelectual, la enseñanza –pues la beneficencia hoy se realiza principalmente por medio de la cooperación. En la protección del Estado, especie de sacramento de la Extremaunción en las naciones agonizantes, apenas se piensa, aun cuando el Estado en Bélgica se muestra propicio siempre a las obras sociales. El ejemplo de las dádivas de millones viene de Norte América. Esos yankis para nosotros tan fatales (no más fatales que nuestra propia incuria e indiferentismo) derraman torrentes de dollars fundando Universidades; las instituciones docentes crecen como los retoños de la oliva en ese suelo que, a juicio de muy conspicuas personas, allá en 1898, sólo torreznos producía.

–¡La ciencia! –repitió pensativo Monseñor Mercier cuando, terminada la visita a los laboratorios, jardines, capilla y aulas, nos sentamos un instante a descansar en una salita modesta, antes de emprender el camino de la "Gilde". ¡Fuerza incalculable, aliento vital de nuestro siglo! Todo en él se ha renovado; todo evoluciona. Y particularmente, en la hora crítica que atravesamos, las ciencias sociales se presentan armadas y arrolladoras, dispuestas a realizar en la sociedad completa metamor- fosis. El socialismo se organiza donde quiera: es un "hecho" gigantesco, el "hecho" por excelencia de nuestra edad. ¿Habíamos de presenciarlo sin enterarnos? Por eso en nuestros Institutos docentes superiores hay que dar cabida a los estudios comparados de derecho polí- tico y economía social; hay que examinar analíticamen- te la familia en sí misma y al través de la historia; las asociaciones, la corporación, el Estado, la propiedad y sus formas... y abarcar en una concepción más com- prensiva las sociologías positivistas de Comte, de

Spencer, de Schäffle, y las enseñanzas de la sociología cristiana, cuyo código general se halla en la Encíclica "De conditione opificum..." Y también es necesario levantar mucho el nivel de la instrucción femenina, ¡educar más y mejor a las mujeres, cuya acción social reviste tal importancia!

Yo oía atentamente, con religioso respeto. La idea y la imagen de la patria no se apartaban de mí, y eran la raíz de la; emoción, más bien depresiva y melancólica, que me embargaba poco a poco. Tenía sed. Veía por las anchas ventanas flamencas, entreabiertas, la viva verdura del jardín, pero dentro de mi alma se desarrollaba una procesión de eriales, de mesetas amarillentas, calcinadas por el sol, sin riego, sin árboles, sin casas. ¡Sequedad, sequedad infinita! Y me estremecí cuando el filósofo, resumiendo en una frase el sentido de todo aquello –laboratorios, aulas, actividad, estudio– pronunció firmemente:

–La Iglesia belga asume una gran responsabilidad.., Lo sabemos. ¡Somos responsables!

A D. Luis Chaves.

A primera vista, pocos lances ofrece la "Gilde". Nadie diría que este edificio, ni mejor ni peor que las casas modestas de la pacífica Lovaina, rodeado de un jardín sin flores, de arbustos que no talla coquetonamente la mano del jardinero –puede merecer la visita. Y sin embargo, en el tono de satisfacción con que mi ilustre guía murmuraba: "Aquí tiene usted nuestra Gilde"... comprendí que estábamos en uno de esos focos de vida moral, cuyo descubrimiento es el encanto de mi viaje, y cuya existencia es honor de Bélgica y de su militante y civilizador catolicismo.

La "Gilde" iba a mostrarme, en funciones, el organismo que desempeña el papel de "fagocito" social; el microbio salutífero o conservador que lucha con los microbios destructores de la sociedad tal cual hoy se encuentra constituida. No encuentro comparación más apropiada para las "Gildes" que esta de los fagocitos, los cuales, según recientes afirmaciones de la biología, se consagran, dentro del cuerpo humano, a neutralizar la acción morbosa de otros microorganismos que pronto darían al traste con él. Minada Bélgica por el colectivismo, que presumía, no sin visos de razón, de tardar poco en implantar sus soluciones desde las esferas del poder, suprimiendo la propiedad privada, nacionalizando el suelo y los instrumentos del trabajo, y que no sabemos si todavía llegará a implantarlas, pues es poderosísimo allí –las humildes instituciones cristianas de mutualidad y cooperación agrícola vinieron a poner dique a la ola invasora. Lo que Holanda hizo con el terreno material, arrancando una patria al Océano por medio de esclusas, canales, escolleras y diques, saneando pantanos y fertilizando dunas arenosas, lo ha realizado Bélgica con el terreno moral, inculto y abandonado hacía tiempo. El secretario que me enseñaba la "Gilde", lo repetía: "Nuestra apatía, nuestro retraso en interesarnos por la clase obrera, ha dado al colectivismo ventajas que aprovechó en los centros industriales. Fuimos en ese respecto como las vírgenes necias: dejamos apagar la lámpara y nos dormimos. Como ellos no madrugaron tanto en dirigirse a la población agrícola, nos hemos adelantado, y ahí ya no caben; es la ley de la impenetrabilidad física: no hay sitio. Se hace tanto por los aldeanos, que dada su situación venturosa no se les ocurre soñar otra mejor, problemática de seguro."

Las "Gildes", cuyo modelo y matriz es esta de Lovaina, son asociaciones de compañerismo que pueden extender más o menos su esfera de acción. En Lieja, por ejemplo, mientras la "Gilde" de San Pablo es un círculo obrero antisocialista y antialcohólico, afiliado a la Liga democrática belga, y que encierra una sección dramática, otra de ahorro, con el 4 por 100 de interés, una sección de mutualidad y una sociedad para los sorteos municipales –la pequeña "Gilde" de San Gervasio sólo se dedica al ahorro (el ahorro es una pasión nacional en Bélgica) y a socorrer a los enfermos. ¡El ahorro! repito. Aquí se le encuentra en todas partes. El Estado se lo inculca a los individuos; los padres a los hijos; los patronos a los obreros; los amos a los criados; los maestros a los alumnos. Al que impone en la Caja de Ahorros cinco, francos, la municipalidad, la nación, las asociaciones, cualquier fuerza social de las que vigilan, le añade tres, o cuatro, o cinco, y resulta que quizás el ahorro le ha producido, de golpe, el cien por cien. Limosna propiamente dicha, no se da; socorro sí; hay quien cree que la miseria "profesional" cabe perseguirla como delito; la verdadera beneficencia toma forma de invitación y estímulo al ahorro. Se ahorra pegando sellitos a un papel, y a los chicos de las escuelas se. les permite pegar sellos de a dos céntimos.

Hay premios para los maestros cuyos alumnos han ahorrado más durante el año.

Volviendo a la "Gilde" de Lovaina, y recorridas en un minuto sus oficinas –Banco popular, Caja de Ahorros, Centro de informes, Secretaría del pueblo, etc.–, me senté a escuchar la explicación del modesto funcionario que nos acompañaba en la visita. Uno de los oficios que con mayor actividad se cumplen aquí, es el de prodigar –especialmente los domingos– las conferencias útiles al pueblo. Es la beneficencia verbal, ampliación de la obra de misericordia: "dar buen consejo al que lo há menester"; así se desarrolla y fructifica plenamente la doctrina, por extensión (como todo lo que vive). El funcionario de la "Gilde" debía de hallarse muy avezado a conferenciar, pues tendió airosamente el paño del pulpito y explicó el mecanismo de la institución con suma claridad y orden. Siento no poder reproducir al pie de la letra sus palabras. Las traduzco respetando el fondo.

La "Gilde" mira desinteresadamente por los intereses prácticos del aldeano, con el fin de mejorar su condición, elevar el nivel de su moralidad y su cultura, y convertir, si es posible, al proletario agrícola en pequeño propietario. La "Gilde" se encarga de suministrar a los agricultores, al precio mínimo, los mejores abonos, semillas, instrumentos y maquinaria. La "Gilde" les enseña el modo de servirse de todo ello, a la altura de los recientes adelantos, prestándose a la enseñanza personas competentes y difundiendo revistas populares, donde se contesta a cualquier duda que al cultivador pueda ocurrírsele. La "Gilde" asegura los ganados y previene los siniestros. A la "Gilde" se recurre para la venta de los productos, legumbres, aves, ganado, leche: antes eran explotados los productores; hoy sacan el rendimiento máximo con la menor exposición y esfuerzo posible, y sin que sus hijas corran el riesgo de andar por caminos y mercados, llevando el cántaro que tan fácilmente se vuelca... Gracias a las enseñanzas de

la "Gilde", la manteca que actualmente se elabora es muy superior a la que se elaboraba hace un cuarto de siglo, y entre la ganancia de la mejor colocación y la de la mejor clase, los recursos de los aldeanos han crecido en más de la mitad. Añádase a este incremento el ahorro y el seguro –columnas del hogar del proletario– y no sorprenderá que las clases agrícolas –aun en las propias Ardenas de Flandes, lo más atrasado y pobre de Bélgica– disfruten de un bienestar satisfactorio. Dedícase también la "Gilde" a la propaganda antialcohólica, luchando a brazo partido contra ese vicio, entre todos funesto, al cual hacen la guerra de consuno socialistas y católicos –porque en muchas campañas y propagandas saludables, dígase en honor del pueblo belga, coinciden los dos grandes partidos en que la opinión se divide. Mucho hacen las predicaciones, las conferencias, los folletos (aquí se reparten folletos y hojas como agua), las mil maneras de demostrar al pueblo que el alcohol es la enfermedad y el crimen embotellados; pero todavía se consigue más con suministrar a precio módico excelente cerveza, bebida sana, que haga olvidar el "schiedam" [así se conoce también la ginebra] y otros alcohólicos de esta tierra, donde es rareza y artículo de lujo el vino.

Y así extiende el catolicismo en el campo su influencia y su espíritu, combatiendo al socialismo con armas de buena ley. Los párrocos compiten en celo y actividad. "Tenemos –me habían dicho los monjes de Maredsus– tal vez el mejor clero de Europa. Sin él la moralización y el saneamiento de las aldeas hubiese sido imposible." Y el funcionario de la "Gilde", confirmando esta aseveración, repetía: "Los párrocos son admirables. Se pasan la noche ajustando las cuentas y haciendo el balance de los productos de la manteca, el aceite de colza, las madejas de lino vendidas por sus feligreses. Son nuestros institutores, consejeros de todos, y hay párroco que a estas horas puede habérselas con el mejor ingeniero agrónomo".

Al escuchar este dato que tantas cosas permite comprender, acudían a mi memoria fragmentos de la obra del socialista Vandervelde, leídos en el tren, desde Bruselas a Lovaina. Veía al cura de aldea trazando con su paraguas en la tierra, ante los feligreses, la señal del reparto con que el colectivismo amenaza a la pequeña propiedad, y escuchaba al aldeano de Maredsus, que preguntado si era colectivista, respondía únicamente: "Tengo dos vacas". En el propio libro del teórico elocuente y docto del socialismo hallo esta noticia: "La Liga de Aldeanos (Boerenbond), cuya sede social está en Lovaina, se fundó en 1889, y en 1895 ya tenía 207 sociedades afiliadas, con un efectivo de más de 10.000 miembros. Después han aumentado considerablemente: sólo en la Flandes oriental se cuentan hoy 190 "Gildes". Reconociendo que estas "Gildes" y "Boerenbonden" se han hecho contra el colectivismo socialista; dando a entender lo que yo resumiré en una sola frase en mi conversación con el inolvidable Obispo de Lieja "Aquí la manteca es católica, y socialista la remolacha"; confesando que en el campo no hallan favorable acogida los principios de la revolución agraria, Vandervelde no puede menos de ensalzar la obra de las cooperativas, los beneficios que se las deben, el impulso que han comunicado a la vida rural, hasta en las Ardenas, el trozo de tierra belga bravío y estacionario. Y otra frase de Vandervelde se me aparecía sobre la página blanca: "Las corporaciones cristianas vacunan al aldeano contra el socialismo, inoculándole un poco de virus socialista".

Pedro Pablo Rubens: *El Descendimiento de la Cruz*, 1611-1614, Catedral de Amberes

A Sanz y Escartín.

No se comprendería lo que llevo dicho de la acción social católica en el país belga, a no recordar las causas que determinaron el movimiento, los estímulos que actuaron sobre la conciencia. En nación alguna brotó con tal vigor el socialismo. Después de la "Gilde" de Lovaina, había que ver el "Vooruit" de Gante.

Llegué a Gante de noche. Apenas clareó el día y brilló un sol de victoria, un sol para Carlos V –antes de visitar la catedral, el Municipio, el ceñudo castillo de los Condes, los típicos "Beguinages" o Beateríos– me dirigí a un vulgar edificio en reconstrucción, cercado de andamios: la Cooperativa colectivista o "Vooruit".

Nadie me acompañaba. La casualidad quiso que los socialistas intelectuales para quienes llevé cartas, anduviesen de viaje de vacaciones. No pude, pues, seguir el consejo de los Benedictinos de Maredsus, que con su habitual espíritu de transigencia me habían dicho: "Vea usted a los colectivistas. Hay que oír a todos. Eso es la indagatoria."

La plaza donde se me aparece en forma tangible la organización socialista es aquella célebre del "Viernes", en la cual, hacia fines de la Edad Medía, se organizaba la democracia gantesa, briosa y levantisca, y la voz de Jácome de Artevelde electrizaba a las masas y congregaba una hueste de herreros y tejedores dispuestos a seguirle y reivindicar sus franquicias. La estatua del tribuno domina la plaza; su mano extendida aún parece convocar a los compañeros de la lanzadera y el martillo. Aquí, más que en otra parte, tiene su asiento la casa roja: aquí la tradición se abraza a la revolución.

Ante el edificio que reconstruyen, grupos de albañiles sentados en la acera descansando de su primera faena matinal, charlando y comiendo un bocadillo, señalan sonrientes a la obra, como si dijesen: "es nuestra". Entro en los almacenes cooperativos. Son –en humilde y barato– reproducción de los grandes Almacenes de París. La modesta coquetería de las obreras encuentra en ellos todo el "tralalá" de la moda. Hay bajos con encajes, corsés con moños, calzado curvo, sombreros de botánica; pero abunda lo fuerte y feo, las prendas de abrigo, las indianas obscuras. Ocupan los Almacenes el piso bajo; arriba tienen sus oficinas la Caja de Ahorros y el Banco popular.

Dentro de la evolución del socialismo belga, algo especial representa esta Cooperativa. Gante es la cuna del socialismo, el primer bastión que izó bandera roja, y no hay barrio del viejo "guante" del emperador donde, como lengua de incendio, no ondee los días festivos esa bandera. Los precursores del socialismo belga son tejedores ganteses, progenie de los que acudían al llamamiento de Artevelde en el siglo XIV. Asociados desde 1857, se adhirieron a la Internacional y más tarde fundaron el "Vooruit", raíz de la federación. La tela de las primeras huelgas, de las cuales apenas se hizo caso, fue obra de los tejedores ganteses; ¡vaya una tela ancha! Bajo las tablas del piso de un bodegón de Gante estuvo oculto el primer fondo de resistencia, unos setecientos francos, que la policía descubrió y decomisó. Los huelguistas, no obstante, triunfaron. De allí salió la "Federación de los obreros ganteses", primera asociación no gremial, sino general, que la clase constituyó en Bélgica. Hasta 1867 y la Internacional, el reguero de pólvora de Gante no se extiende al resto de la nación.

En cambio, desde 1869 ya las cajas de resistencia pululan –la frase es de un colectivista– como en sombrío matorral los hongos. La disolución de la Internacional, el desastre de la Commune de París, las disensiones entre marxistas y anarquistas, retrasan el desarrollo del colectivismo belga, el cual, por fin, adopta su símbolo de Nicea bajo la designación conciliadora de "partido obrero", e inicia dos campañas a cual más fértil en resultados: la agitación en favor del S. U. (sufragio universal) y la organización cooperativa.

Fijémonos bien: el sufragio universal, que aquí se nos cayó en la boca, verde y duro, una mañana, y nos era tan imprescindible que lo transformamos en el encasillado; el sufragio universal, digo, esa libertad escrita, especie de doña Blanca de Navarra, que se pudre en la sombría torre de Gobernación sin que su esposo, el pueblo, se acuerde de visitarla nunca, es desde hace veinte y pico de años la aspiración incumplida de un país infinitamente más adelantado que nosotros. El partido obrero belga, al reclamar el S, U. (contra la corriente de los anarquistas, muy antiparlamentarios), se anticipa a reconocer que el S. U. no debe concedérseles sin la base de la capacidad. El analfabeto, el falto de instrucción, no puede votar, y en Bélgica todavía muchos ciudadanos carecen de instrucción primaria. Doble campaña, por consiguiente: a votarlos capaces, a procurar que aprendan todos. Y los socialistas trabajan por la enseñanza, antesala del voto.

Los católicos, en vez de alejar sistemáticamente a los socialistas del Parlamento, les abrieron la puerta. El desventurado ministro Nyssens (que puso a su vida trágico fin estando yo en Bruselas) fue quien proporcionó un triunfo a la democracia revisando el voto censitario y convirtiéndolo en plural. Y ahora, en este instante –tiemblen las esferas– son los católicos los que tratan de conceder el voto a las mujeres. ¡A las mujeres! ¿Lo han oído ustedes bien?

Al rumor de la marea socialista despertaron los poderes públicos, y no despertaron sólo ellos, que no sería bastante, sino las fuerzas colectivas que mantienen la organización social. El socialismo tenía ya invadidas las regiones industriales: el esfuerzo católico se concentró, como sabemos, en los agrícolas.

Una impresión extraña me acompañó durante mi viaje belga, y voy a apuntarla aquí. Sin duda por la tendencia del artista a transformar las ideas en imágenes sensibles, a aquel país superficialmente tan pacífico lo veía en guerra; en cuanto me rodeaba parecíame olfatear y respirar la lucha: árboles, sembrados, chimeneas de fábricas, galerías de minas, hasta el suelo, estremecido por el duro talón de los combatientes. Hay naciones militaristas donde se masca la modorra de la paz. En Bélgica, que apenas tiene ejército y aspira a tener menos, la pugna enciende el aire. Porque la guerra, quién lo negará, es ley de la vida: mas la profunda guerra moderna ya no se hace con ejércitos, y un escritor colectivista dice donosamente que, gracias a las

Cooperativas, los socialistas pueden bombardear a sus adversarios con sacos de patatas y panecillos.

Las dos corrientes de la opinión en Bélgica empezaron irreflexivamente fiando el suceso a la violencia; los socialistas, perseguidos, encarcelados, disueltos a balazos, dieron en quemar fábricas y cometer desmanes. Pronto se comprendió que por ahí no se iba al olimpo. Hoy podrán ocurrir colisiones, represiones exageradas, pero ya no son sistema, o son sistema desacreditado. Distintas armas y más reñida la lid. Los soldados no visten uniforme ni entienden el litigio como lo entendía San Pedro al rebanar la oreja de Maleo...

Contra la inmensa mutualidad católica, los colectivistas han hecho prodigios. Han previsto hasta las pensiones de retiro de los obreros que cumplen sesenta años. Las farmacias, las panaderías populares, han conjurado el espectro de la enfermedad que arruina y el del hambre que genera la enfermedad. Las Cooperativas facilitan todo, el sustento, la enseñanza, el recreo. Alguna se ha construido un palacio que vale millones de francos, y la Caja de Ahorros –institución oficial– adelanta a los socialistas dinero para el edificio. Aquí, en Gante, los obreros se han permitido el lujo de adquirir en el barrio más aristocrático, el local para su "Sala de fiestas", que una Sociedad burguesa ya abandonaba por caro. La vida del obrero se ha embellecido, su condición es más llevadera y dichosa: ahí tenéis una guerra cuyos resultados son el mejoramiento de la raza, la disminución de la tristeza y del infortunio, concurriendo a este fin, con igual perseverancia, las dos partes beligerantes. Ventaja para la patria y ventaja para la humanidad.

Las Cooperativas socialistas son centros de propaganda y cajas de resistencia en caso de paro; reparten folletos a millones (lo cual sería inútil donde el pueblo ni quiere ni sabe leer); trabajan el artículo "mantequerías modelo", a fin de llegar a tener "vacas rojas" (ya recordarán los lectores que en Bélgica la manteca es católica y la remolacha socialista), y confían más en el esfuerzo económico que en el político y electoral, a pesar de la campaña del sufragio, a la cual llevan ya un contingente de quinientos mil votos. Sin duda entre los colectivistas belgas dominan los elementos republicanos; no obstante, habría que decir que muchos católicos no son monárquicos entusiastas, y la cuestión de forma de gobierno para unos y otros es adjetiva, subordinada siempre a la de reformas sociales. ¿Cómo sienten los belgas de su monarca? En dos palabras puede resumirse.

Leopoldo II, que cuenta sesenta y siete años de edad y de reinado treinta y seis, es mirado con indiferencia, que fácilmente se trocaría en desvío. El paga en la misma moneda y reside en Bélgica lo menos que puede: como el "Cristian" de "Los reyes en el destierro", siente la nostalgia del gozoso París y allá vuela con cualquier pretexto, y mejor –una de las quejas de los católicos– si está cerca la Pascua florida y es tiempo de cumplir las prácticas religiosas. La apreciación de los actos de los soberanos varía mucho, justo es decirlo, según el estado de la opinión, influida por los fenómenos sociales, y en Bélgica se juzga con bastante severidad lo que en otra nación acaso se calificase de humorada y lo que los italianos, benévolos, encontraron gracioso en el "galantuomo" Víctor Manuel.

Reconocen los belgas en su monarca clarísima inteligencia y aptitud comercial sorprendente, Cuando le ofrecieron la soberanía "absoluta" del Estado del Congo (Leopoldo II ofrece la anomalía de ser a la vez monarca constitucional y absoluto, lo primero en Bélgica, lo segundo en Africa, y esto sugiere reflexiones), ningún político olfateó la mina de oro que con tal proposición se abría. El rey, desde el primer momento, quiso aceptar; y habiendo aceptado, bajo su responsabilidad personalísima, emprendió negocios en la tierra negra, y cuéntase que es fabuloso el rendimiento que saca. Poco amiga de aventuras coloniales, Bélgica se inclina a rehusar el legado de Leopoldo, que desea dejarle el Congo en testamento; y los socialistas, con su tenaz oposición al aumento de fuerza armada, son el principal obstáculo... Es verdad que tampoco "los otros" verían complacidos que se gastase en fantasías africanas el presupuesto nacional, pues aquí rige una ley singularísima: los adversarios suelen querer "lo mismo"–aunque "no para lo mismo".

# EL DESCANSO DOMINICAL

A D. Antonio Maura.

Debo este artículo a los dependientes de comercio, porque es deuda lo prometido, y ningún sitio más indicado para pagar que Bélgica, donde al franquear el manuscrito de mis artículos leo bajo los sellos la clásica fórmula: "Niet bestellen op zondag. –Ne pas livrer le dimanche". (No entregar en domingo.)

No seré yo quien arranque del sello el letrerito. Muy contadas son las personas que, en atención a la necesidad de que llegue pronto su correspondencia, lo arrancan. Gracias a la ingeniosa idea del letrero, los carteros de Bélgica ven aminorarse un día a la semana su penoso trabajo.

Tiene el Estado obligación de servir el correo el domingo como los demás días; tiene el cartero el deber de repartir el domingo, pero el público puede excusarle sólo con dejar adherido el letrero al sello que pega. A ver si algún diputado de nuestro país propone en las Cortes esta reformita. Como el letrero se coloque al pie de los sellos, no lo quita ningún compatriota mío; en primer lugar, por bondad, pues no somos perversos de corazón; en segundo (favor con disfavor), por no molestarse, por no ejecutar al día un movimiento más. El arte de renunciar derechos debiera enseñarse como gimnasia moral, acompañado del arte de conocerlos, ejercitarlos y defenderlos con uñas y dientes. Renunciarlos en favor del que está abrumado;, hacer una pequeña concesión para producir un bien incalculable..., repito que sería enseñanza utilísima. Representantes de la Nación, ministros de la Corona... dadles, en Navidades, este aguinaldo a los carteros. "¡No entregar en domingo!"[1]

Habréis oído –hemos oído todos– que en Inglaterra, y generalmente en los países protestantes, el domingo

1. Este capítulo se escribió en Septiembre. En Febrero recibo un prospecto de la " Liga para el fomento del descanso dominical", en el cual me incluyen unos cuantos sellos que llevan una golondrina y el letrero "No repartir en domingo". El prospecto advierte que "no siendo práctico de momento pedir a los poderes públicos que se fabriquen los sellos en la forma que es ya usual en Bélgica (¿por qué no sería práctico? lo ignoro), se ruega a todos los asociados a la Liga se sirvan poner en sus cartas el sello de la Liga, que se reparte a los asociados".

Aun cuando yo creo menos práctico, por las razones arriba apuntadas, lo del sello suelto, me avendría a ello si supiese cómo dirigirme a la Liga. Por desgracia, el prospecto impreso que recibo ni trae dirección ni firma; de modo que no me es fácil expresar mi adhesión.

se observa y guarda con estricta severidad. Hacíase de esto argumento contra la religiosidad de los países católicos, donde el domingo apenas se respetaba. La decoración ha cambiado. En Londres ya se quebranta el reposo dominical; en Francia y Bélgica a cada paso se guarda más escrupulosamente. París, endomingo, recuerda a Londres. El hecho pide explicación.

Decíame un religioso de Maredsus: "El socialismo nos ha sido provechoso, recordándonos nuestra misión y las enseñanzas de Cristo." La observancia, cada vez más rigurosa, del domingo, en las naciones católicas, de diez años acá, confirma la aserción del benedictino. No se producen fenómenos sociales sin causa. He observado que París está, en este respecto, desconocido: el domingo no se abren las tiendas, cerradas siempre a las siete en punto y el sábado a las seis: es imposición socialista. Una directora de sección del "Bon Marché" insistía en repetírmelo: "Imposible hallar operario que vele: ya no se vela. Imposible hallar operaría que venga el domingo, ni por favor, ni para sacarnos del mayor ahogo."

El tiendeo a boca de noche, característico de Madrid; el ir a comprar justamente cuando los dependientes están rendidos y disimulan con forzada sonrisa el agotamiento, la fatiga, las ganas de plegar los géneros y marcharse, no cabe en París. Yo confieso que he incurrido en lo que censuro; ¡yo he ido de tiendas en Madrid a las nueve! Soy como los demás, y por eso no digo "enmendaos", sino, "enmendémonos".

Uno de los resultados beneficiosos de que. Se cierren pronto tiendas y oficinas, y de que se acabe pronto la jornada, es que se vive, más temprano: se trasnocha menos. Trasnochar no es malo en sí, ni importa que trasnoche una minoría; pero nación de trasnochadores es nación desequilibrada y ociosa. Pocas horas de labor de un dependiente o empleado que ha dormido, equivalen a muchas de otro desvelado y con el estómago revuelto. El dependiente, en París, no hay que decir si en Bruselas, sale con tiempo suficiente para comer en familia; gana su salud, gana su moralidad también.

He dicho que hay puntos en que colectivistas y católicos belgas, a lo que he podido comprender, no disienten, y aun van a porfía: el reposo dominical es uno de ellos. La diferencia –tiene que haberla– no está en el concepto del "reposo", sino de la "santificación". –No compréis el domingo –exclama el que ha reemplazado en la silla episcopal de Lieja a Monseñor Doutreloux. Los que sudan seis días deben reposar uno: ¡loor a los negociantes y patronos que coadyuvan a este fin! Los libros sagrados dicen del séptimo día: "Que no haga obra servil, ni vuestro criado, ni vuestra criada, ni vuestros bueyes..." Pero hay algo más que reposar: santificar ese día. Se santifica principalmente con obras –alguna de esas infinitas obras, ingeniosamente adaptadas a las infinitas necesidades del pobre. Entre las "obras" se cuenta la "Visita del domingo". Los miembros de la Asociación van los días festivos a visitar a los niños en los hospitales, llevándoles dulces, juguetes y socorros.

Cuando salen dados de alta los visten. En Navidades, les hacen regalos extraordinarios. También atiende la obra a los viejos y a los muchachos adolescentes. Obra igualmente "del domingo" es la de los Círculos, donde señoras y niños de las clases acomodadas reciben y atraen a los niños de clases humildes, les entretienen y les instruyen, les hacen cantar y jugar, les lavan, les obsequian y ponen especial cuidado en fraternizar con ellos, a fin de que derrita una onda de amor el hielo de las vallas sociales. Hay un matiz delicado en el sentido de estas obras de caridad: por cima del socorro material buscan la reconciliación de las clases, el abrazo de las almas. Cuando un pobre acude a uno de estos llamamientos, el que ha de ejercer la caridad, en vez de encarecer el beneficio que dispensa, da las gracias cariñosa y alegremente al que se deja socorrer. Y en efecto, no son ellos los beneficiados: es la "Sociedad", es la "Patria", a la cual todos pertenecemos, en la cual todos sufrimos, decaemos y nos sentimos humillados cuando desciende. ¿No se ha preocupado la opinión española –a pesar de su insensibilidad de corcho– con el problema de los "golfos" madrileños?¿No hemos comprendido lo que representa ese síntoma?

A su vez, los socialistas belgas, de cuya campaña forma parte tan integrante el reposo dominical, aspiran, no diré a "santificar", sino a "humanificar" el domingo. ¿Cómo se humanifica un domingo? Dedicándolo a distracciones y goces más humanos que bestiales. He oído que en Bilbao y en Asturias, los socialistas se van al campo a pasar el día cuando hay corrida de toros. Ahí tenéis un ejemplo de humanificación del domingo. La propaganda contra la ginebra, el juego, el Carnaval, es activísima en los socialistas belgas, y en esto ¿qué disentimientos van a surgir entre ellos y los católicos? Frecuentemente, en esas semi-alucinaciones que basta una taza de café fuerte para producir, he creído ver el suelo belga rayado por dos surcos, uno rojo, otro azul, que parten de la frontera desde extremos opuestos, y, sinuosos, pareciendo que se desvían, llegan por fin a juntarse. La dirección de ambos surcos converge fatalmente. Son el catolicismo social y el socialismo. Van derechos a la entraña y en el calor de sus pliegues habrán de reunirse.

Si he de decir la verdad, nunca me causó ilusión aquel domingo inglés, pietista, en que se cerraban los Museos y los pianos. Pertenezco a mi raza; partidaria del reposo dominical, no lo soy de la mortificación y aburrimiento, contrarios a la plácida idea del reposo. Reposar es hacer bien a los demás o a sí mismo, porque la "autocaridad" la recomienda la Escritura, y los goces de la inteligencia, del arte, del juego físico, la sociabilidad, caen en domingo como anillo al dedo. Nuestro domingo latino, ¿á santo de qué va a ser mal engestado y tedioso? No; sea regocijado, dulce, verdadero paréntesis a los cuidados y las labores de la semana. Brutal y crapuloso, nunca; porque entonces, lejos de restaurar las fuerzas para el trabajo del lunes, las agota.

Respeten los patronos la santidad del domingo, y aun hagan concesiones la tarde del sábado; pero sean inexorables con "San Lunes", y en general con todas las fiestas postizas. Fiestas postizas llamo a las que inventan los holgazanes. En mi aldea son numerosísimas. Unas veces toma por cómplice la haraganería a verdaderos santos de la corte celestial, que la Iglesia conmemora sin precepto; otras inventa santos indocumentados, como "San Pedro de Ois", y allá va la romería. El pueblo madrileño prolonga seis ú ocho días la juerga de San Isidro... y ya sabemos que no es precisamente "humanificarse" lo que se hace en la pradera. La justa campaña del reposo dominical no tiene peores enemigos que los falsificadores de fiestas, más papistas que el Papa, que suelen obstinarse en seguir "guardando" a su manera fiestas ha mucho suprimidas por la Santa Sede.

Esta misma benignidad de la Iglesia, que redujo el número de días festivos en atención a los nuevos tiempos, al desarrollo de la industria, al aumento del trabajo, a sus exigencias (se tienen tan en cuenta, que yo he visto en Cataluña fábricas como la de tejidos de Güell, de patrono muy católico, autorizada competentemente para no apagar sus calderas nunca); esta benignidad, digo, refuerza, para los católicos, la obligación de respetar estrictamente el descanso dominical. "N'achetez pas le dimanche!" Cuando nadie compre en domingo; cuando las amas de casa piensen en surtirse el sábado por la tarde, los dependientes podrán disfrutar de un descanso a que moralmente tienen pleno derecho, cualquiera que sea la estipulación y el contrato con sus patronos. Señoras, un poco de previsión y de orden. ¡No compremos los domingos!

Y ahora reparo que estoy emborronando los presentes renglones la tarde de un domingo, en lugar de salir por ahí a "humanificarme" en un Museo... Verdad que ésta no es obra servil.

Jan van Eyck: detalle del panel central inferior del
*Políptico de Gante: La adoración del Cordero Místico*, 1432
Catedral de Gante

A Joaquín Sorolla.

A un lado preocupaciones económicas y sociales. Hay horas y días en que eso reviste amarillez de estepa, por la cual avanza, arrastrándose, un hormiguero de millones de hormigas. Otras regiones me llaman; necesito descansar en el ensueño; mi romántico individualismo me asalta, sugiriéndome el convencimiento repentino, terrible, de la diferencia del valor de hombre a hombre, de la impotencia de las multitudes para escalar ciertas misteriosas cimas accesibles al individuo. El arte, lo supremo, lo excelso, lo digno del hombre... el arte es creación del individuo, del "único". Y acaso (hondo problema) no sólo es el "único" quien lo realiza, sino quien lo paladea y gusta. Para la muchedumbre no existe. En una iglesia de Gante acabo de tocar con las manos esta verdad.

De propósito había estado retrasando la visita a lo que en Gante más me preocupaba. Al llegar a verlo no sólo dejaba atrás el "Vooruit", sino –como contraste– el "Beaterío chico", en la calle de las Violetas: curioso fósil, impresión extraña de calma y de perpetuidad, una taza de plata repujada, antigua, muy limpia, sobre una servilleta de encaje; y por supuesto, el Hotel de Ville, y el Museo, y el Castillo de los Condes, y el "Café de la horca", y a "Margarita la rabiosa", y la Universidad, y el templo flamante de Nuestra Señora de Lourdes, y el Canal, y en suma, cuanto un viajero que se respeta tiene forzosamente que recorrer en todo pueblo.., Cumplido el deber, me dirigí a la Catedral, San Bavón, uno de los edificios gótico-flamígeros que en esta tierra abundan.

Un grupo de turistas esperaba ya que el sacristán abriese las capillas para recorrerlas. Componían el grupo una pareja seca y entrada en años, con varios vástagos del sexo femenino; un inglés alto y frío; tres franceses expansivos y bulliciosos, y un barbirrojo desaliñado, que sería pasante de colegio, ayo o cosa así, acompañante de dos jovencillos imberbes, muy pulcros, muy parecidos. Era el sacristán, que acudió por fin con su manojo de llaves, de éstos que explican, en voz nasal, la historia abreviada de cada objeto de arte, y tienen establecido orden invariable para recorrer la iglesia. Quieras que no, seguí al grupo, el cual seguía dócilmente al sacristán, y tuve que tragar dos cuadros de Gaspar de Crayer, pálido artista de un período de agotamiento, un Porbus el viejo, donde asoman las cabezas de Carlos V, Felipe II y el Duque de Alba, y hasta un

Van der Meyr... Llegamos por fin a la capilla sexta: Abren el tríptico que forma retablo en el altar, y allí echan raíces mis pies. Estoy ante el "Cordero místico".

Cuando es uno español y conoce el Museo del Prado, los Velázquez; cuando ha recorrido mil veces el del Louvre; cuando ha visto los Morillos de Sevilla; cuando recuerda los "Uffizi" de Florencia; cuando acaba de contemplar en el Haya la "Lección de anatomía" de Rembrandt y el "Toro" de Pablo Potter, y en Amberes algunas páginas de Rubens, ya no cree que la pintura le reserve grandes sorpresas. En efecto, después del "Toro", nada nos mostrarán que sea más igual a la "vida" en el sentido fisiológico; después de la "Lección de anatomía", ese plagio genial (en cuanto al asunto), nada hallaremos que represente con tal energía plástica y lumínica una idea: el advenimiento de la ciencia positiva y su influjo en los destinos de la humanidad...[1] En su género, estas dos obras maestras no cabe que sean superadas, como no lo serán, ciertamente, "Las hilanderas" de Velázquez, el "Retrato rojo" de Rafael, "La comunión de San Francisco" de Rubens y la "Fiesta galante" de Watteau. He dicho en su género... Lo del "género" me conduciría A una larga disertación de estética. La sola

1. Yo prefiero la *Lección* a la *Ronda nocturna*. Si tuviese tiempo, alegaría mis razones.

enumeración de cuatro obras maestras que acabo de hacer basta para que se comprenda la distancia incalculable que las separa: de cuán diferente ideal nacieron.

Yo estimo en la pintura lo que en mí causa. La crítica de taller, que ningún literato hace a gusto de los pintores, pero que siempre deslumbra a los profanos; la definición técnica de tonalidades, luces, claro obscuro, pastas, esencias, pinceladas, ajustes, que a sangre fría cualquiera emprende –no se me ocurre, ni guarda relación con lo que experimento ante una obra maestra.

Ese análisis vendrá luego. Acaso alguien lo realice a primera vista: es la involuntaria apreciación del experto o del chalán. Yo percibo la obra de un modo sintético; la siento en mí entera, avasalladora. Realmente ¿qué es el arte sino condensación de nuestra sensibilidad? ¿Se concibe el arte como algo perfecto fuera de y sobre nosotros? ¿Para quién se haría el arte entonces?

Estoy ante el "Cordero místico". Los autores de este tríptico, de vastas proporciones, los hermanos Van Eyck, aparecen tan cerca del manantial, en los orígenes de la pintura, que una leyenda les atribuye la invención del procedimiento al óleo.

La Edad Media que va a desaparecer –los Van Eyck son de la primera mitad del siglo XV– lega al Renacimiento, por medio de esos dos hermanos, la fórmula de un arte, y con razón puede decir un crítico eminente refiriéndose a ellos: "En veinte años, gracias a los Van Eyck, cuanto había que hacerse hizo. Piedra angular de la pintura debe considerarse este tríptico de San Bavón, comenzado por Humberto y terminado por Juan Van Eyck." Y ved el signo característico del arte ¿para qué necesita la obra lenta del tiempo; para qué los tanteos penosos, la marcha a tropezones, en tinieblas, que exige el descubrimiento o el adelanto científico? Este tríptico del siglo XV, este primer vuelo caudal de la pintura al óleo, llega a lo más alto. Nadie superará a los dos artistas flamencos; nadie, en cierto respecto, les igualará siquiera.

Los Van Eyck llegan después del florecimiento "enorme y delicado", como diría Verlaine, del siglo XIII, después del agitado y sangriento crepúsculo del XIV; cuando ya las gestas guardan silencio, cantaron los poetas místicos franciscanos, y se alzó con magnificencia de catedral la "Divina Comedia"; cuando la exquisita mano de los iluminadores misalistas ha sembrado sobre la vitela las flores del jardín del alma; cuando la escolástica ha cincelado y afiligranado el dogma. En los Van Eyck se cumple la fusión de ese arte prolijo, refinado hasta el bizantinismo, muy aristocrático, con otra corriente aún insensible y que ya no cesa de fluir derivando hasta llegar al naturalismo de Rubens y Jordaens, al realismo holandés. ¿Quién dirá que esa fatal derivación fue un "progreso"; quién preferirá, a no ser por antojo del gusto, la impresión causada por el pintor contemporáneo de Carlos V, a la que producen los contemporáneos de Carlos el Temerario?

Ah, el "Cordero místico"... Habría que verlo de rodillas. Aunque el. tríptico entero –en lo que conserva de original– puede interesar, me refiero sobre todo al tablero central, de la mano de Juan Van Eyck. Las dos figuras simiescas –que por otra parte son copias– de Adán y Eva, no parece sino que están allí para expresar cuánto va de la tierra al cielo. Y ni el imperial Padre Eterno o Cristo glorioso, con sus joyas y brocados; ni la deliciosa Virgen de cerúleo ropaje; ni el bello San Juan Bautista; ni la orquesta de ángeles –que recuerda la del tríptico de Nájera, atribuido a Memling–; en suma, ninguno de los demás tableros existe para mí cuando tengo presente el cuadro de lo inefable, el Cordero, la divina perspectiva eucarística, la magia indescriptible, suave y arrebatadora, del Misterio de la Sangre.

Ya no es el fondo de oro de los bizantinos. La escena se desarrolla sobre un campo jamás hollado, cubierto de una vegetación primaveral, que el artista reprodujo tallo por tallo y salpicó de innumerables florecillas, abiertas con gracia juvenil y como impregnadas de rocío puro. En último término, dejando entrever las torres y murallas de la Jerusalem celeste, bosquetes de rosales, mirtos y naranjos en flor: una naturaleza igual a la verdadera (este cuadro anuncia ya a los grandes paisajistas flamencos), pero sorprendida en la hora mística de su comunión con lo sobrenatural, cuando la acaricia el soplo del espíritu. Salen de los bosquetes dos teorías de figuras ejecutadas con minucioso detalle: a la izquierda, los mártires; a la derecha, las vírgenes, con ropajes azules, rosados, como bañados por reflejos del éter y de la aurora. En primer término, vestidos a la usanza del tiempo, lujosamente, los Profetas, los Patriarcas, los personajes del Antiguo Testamento, los Apóstoles, los Papas, los Obispos, los monjes, los defensores de Cristo, emperadores y monarcas, los solitarios y peregrinos, guiados por San Cristóbal. Alrededor, una milicia angélica, dando guardia a la "Fuente de la vida", claro surtidor que cae en pilón de mármol, y sobre un altar guarnecido de púrpura, en el centro de la composición, el blanco inmaculado Cordero, de cuya herida mana el licor prodigioso que ha de colmar el santo Grial y embriagar a las generaciones.

Es, en breve espacio, la revelación y la redención; es la Iglesia toda, la militante y la triunfante; es teología pintada, y, como advierte un escritor francés, Emilio Montegut, misticismo celeste, sin mezcla de pasión humana, sin ese elemento dramático que se nota hasta en las castas Anunciaciones... ¡Y qué factura la del cuadro! ¡Qué expresión y verdad en la más insignificante figurita, qué respeto, qué unción, qué amor descubren! ¿Cabe superar a Van Eyck? ¿Le superarán los que le sigan? Pregunta con razón Montegut: ¿Dónde están los progresos del arte? ¿No se reducen al charlatanismo, al efectismo, para sorprender y cautivar?

El licor del Cordero cae en un ánfora de labor maravillosa. Después de mirar este cuadro noto una especie de repulsión contra los torsos y las musculaturas de Rubens, contra la carne brutal; y el mismo recuerdo de Velázquez es "tierra", tierra roja y de la de Castilla.

Sentada frente al cuadro, desoigo la voz del sacristán, que nos avisa para concluir la *tournée*. El grupo que me rodea, sin objeción, se pone en movimiento; han consagrado al "Cordero místico" igual mirada inerte, han pronunciado iguales palabras, han hecho idénticas preguntas que si se tratase de un Crayer. Lo que más ha parecido interesar a estos "Philister" son las vicisitudes materiales del tríptico (y eso que el sacristán se las refiere en abreviatura); las ganas que se le pasaron a Felipe II de apropiárselo, que siendo como era dueño del orbe, no entiendo por qué no las satisfizo; los peligros que corrió de arder o hacerse astillas; el cómo lo arrumbaron, porque el emperador José II se escandalizaba de la desnudez de Adán y Eva; el cómo fue llevado a París y escondidos los tableros laterales; el milagro de que pueda conservarse aún algo de la concepción de los Van Eyck...

Sólo aquel desalmado barbirrojo no se mueve: su cara juanetuda y tosca se ilumina de estática satisfacción al ver que yo sigo quieta, resuelta a no marcharme sin llevarme el cuadro fijo en la memoria. Me mira, y murmura en flamenco una frase de complicidad. "Vengan ustedes" –repite el sacristán–, "les falta ver un Crayer, y el "San Bavón" de Rubens..." Ni por esas. Allí inmobles ambos entusiastas; y cuando por último nos resignamos a despedirnos del "Cordero", con unánime impulso, en diferentes idiomas, los dos manifestamos al sacristán que renunciábamos generosamente a ver lo demás que en la Catedral enseñan.

www.casimirolibros.es